Fun
It makes learning
a language fun and fast.

global

"노느니 제3의 외국어"

여러분의 말랑말랑한
글로벌 비즈니스를 위해
미리 대비해 두십시오!
그것이 비록 애교 수준
정도일지라도 말입니다.

Teach Yourself
Languages

It's real, it's easy
and it's practical!

Quick
It makes learning
a language fun and fast.

possibility

"하면 된다! 아니, 되면 한다!"

되면 하십시오! 되는 만큼만이라도
기꺼이 즐기면서 하십시오!
눈곱만큼 배우고 배 터지게 써먹을
방법을 알려드리겠습니다.

It makes learning
a language
fun and fast

국가대표 인도네시아어 완전 첫걸음

저자_ 이연

1판 1쇄 발행_ 2009년 12월 10일
1판 5쇄 발행_ 2017년 6월 21일

발행처_ 북커스베르겐
발행인_ 신은영

등록번호_ 제 396-2009-0000217호
등록일자_ 2009년 10월 6일

주소_ 경기도 고양시 일산동구 무궁화로 11 한라밀라트 B동 215호
전화_ (02)722-6826   팩스_ (031)911-6486

값은 표지에 있습니다.
ISBN 978-89-963283-4-6 14700
     978-89-963283-5-3 (세트)

이메일_ bookersbg@naver.com

북커스베르겐은 **옥당**의 외국어 출판브랜드입니다.

Fun
It makes learning
a language fun and fast.

direction

"나는 敎養人間이다!"

주위엔 재미있고 자극적인 '꺼리' 들이 넘쳐 납니다.
그럼에도 불구하고 수고스런 노력이 필요한
'교양'에 눈을 돌려야 하는 수만 가지 이유가 있습니다.

교양, 그 중의 으뜸은 외국어!

자투리 여가를 이용해서 스포츠 삼아 배우고
우아하게 티낼 수 있는 **교양인의 베스트 아이템,
바로 제3의 외국어**입니다!

direction

"팍팍하십니까?"

그럴수록 '교양인간' 스럽게 사셔야 합니다.
몸에 배고 남아, 자연스럽게 티가 나는 게
바로 '교양' 이니까요.

막막하고 답답한 상황일수록
자신에게 투자해야 합니다.
준비하는 사람들에게 **'자신감은 덤'**으로
굴러들어 옵니다.

It's 4 U!

이 책은 이 시대를 가로지를
이 땅의 **모든 대한민국 국민**,
특히 우리의 미래를 집적거릴
지적인 열혈 중고대딩,
그리고 **제3의 외국어와**
자발적으로 친해지고 싶어하는 분들을
골수 핵심 대상으로 합니다.

"대한민국 누구나 외국어 첫걸음 국가대표가 된다!"

요즘 생각이 좀 깼다 하는 사람들은
자발적으로 제3의 외국어를 시작한다네요 ... ˆ0ˆ
외국어에 대한 부담은 싹 빼고,
편안함과 여유를 듬뿍 더했습니다.
대한민국 사람 모두를 위한 교양 있는 외국어 시간!
지금 바로 시작합니다!
'우리 시대 교양인의 비밀병기', 제3의 외국어!

It makes learning
a language
fun and fast.

Quick
It makes learning
a language fun and fast.

needs

"영어는 대략 모국어, 중국어 일본어는 제1 외국어,
　요거 제대로 못하고, 절반도 못하면 국민도 아니랍디다!"

언제 한번 정말 땡겨서 배우고 싶었던 외국어가 있으셨나요?
옴짝달싹 못하고 배워야만 했던 언어영역 말고,
우아하고 여유롭게 느끼면서 터치할 수 있는
감성적인 제3의 외국어 친구들이 요기 있습니다.

내가 선택하고, 배우면서 맘이 뿌듯해지는 외국어가 있습니다.
세계와 내가 격식 없이, 편안하게 소통하기 위해 하나쯤 준비해두면 딱 좋을,
그래서 조만간 박차고 여행을 떠나
내가 아는 만큼이라도 자유롭게 써먹고 싶은 외국어!

needs

"꽃보다 외국어!"

결정적으로 수출로 먹고 사는 나라,
그래서 '꽃보다 외국어' 가 정답입니다.
유창하진 않아도 흉내만이라도
낼 수 있다면,
여러분의 글로벌 비즈니스는
훨씬 말랑말랑해질 것입니다.

It makes
a langu
fun and

possibility

"하면 된다! 아니, 되면 한다!"

되면 하십시오! 될 것 같은걸 하십시오! 무작정 들이대는 건 에너지 소모입니다.
눈곱만큼 배우고 배 터지게 써먹을 수 있다면 요딴 게 똘똘한 겁니다.

쉬운 것부터 배우고, 납득할 만한 수준까지만 배웁니다.
그 정도만으로도 써먹을 데가 차고 넘치니까요.

global

"제3의 힘! 글로벌 외국어!"

알파벳만 보고도 어떤 나라의
어떤 언어인지 알고,
사전만 있으면 얼추 번역이 되고,
자다 벌떡 일어났어도
간단표현과 인사 정도는 나눌 수 있다!
이 정도는 돼야
**'말로만 글로벌'을
면할 수 있다능 … ^0^**

interest

"재미3아, 놀이3아, 제3의 외국어!"

독일제 자동차, 프랑스 명품 가방 …
몰고 달고 다니는 게 다가 아닙니다.
명품에 대한 애정이 손톱, 아니
아메바 비듬만큼이라도 있다면
그 나라와 문화 그리고 언어에 대한
관심도 가져주십시오.
**그렇다면 여러분이 제대로
우아하게 보일 것입니다.**

It makes learning
a language fun and fast.

minus
mind
Map

It's real, it's easy
and it's practical!

마이너스 마인드 맵!
아놔~! 막무가내식 마이너스 마인드 맵!

제3의 외국어들

인사표현

❶ 인사표현만 달랑 배우고
냅따 때려칠 경우!
(인사표현 / 간단표현)

짤막짤막한 국가대표급 인사표현들을
만날 수 있습니다.
다른 건 몰라도 나라별로 언어권별로
인사말 정도는 챙길 수 있습니다.
한 발짝만 더 나아가서 간단한 표현 몇
가지를 기억해 둔다면
여러분은 '센스쟁이 교양인'으로 오해
받을 수도 있습니다! ˇʊˇ

그래도 이게 어딥니까?

간단표현

Easy
It makes learning
a language fun and fast.

-3m = mmm

발음법

알파벳

❷
알파벳만 배우고 곧바로 그만 둘 경우!
(알파벳 / 발음)

대부분의 유럽어는 알파벳을 기본으로 합니다.
영어 알파벳을 아는 대한민국 사람 누구든지
해당 언어의 알파벳을 새로 익히는 건 일도 아닙니다.
순식간에 '누워서 슈크림빵 먹기' 라고나 할까요.

알파벳을 안다는 것은 기본적인 발음법에
바짝 접근했다는 얘깁니다.
약간의 추가적인 규칙만 더 익히면 곧바로 문장을 읽을 수가 있죠.
뭔 내용인지는 몰라도 소리 내어 읽을 수 있다면,
이거야말로 뽀대 작살이죠.

그래도 이게 어딥니까?

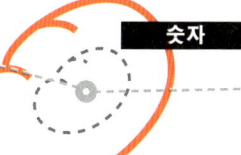

숫자

시간

❸
숫자랑 시간만 간신히 끝낼 경우!
(숫자 / 시간)

숫자를 알면 물건값, 밥값을 계산할 수 있습니다.
물론 작업 대상자의 핸폰 번호도 딸 수 있고요.
그리고 시간을 말할 줄 알면
현지에서 기차도 안 놓칠 것이고,
그녀와의 데이트 시간도 잡을 수 있겠습니다.
(여행 가면 급한 불은 끌 수 있다구~!)
숫자만 알아도 이렇게 되는 일이 많은데,
그렇다면 이게 어딥니까?

마이너스 마인드 맵! minus mind map
마이너스 마인드 맵은 학습자가 한
최소한의 학습량만으로 기대할 수 있는
학습 효과를 알려줍니다.

Take the Pleasure of Learning!
It makes learning a language fun and fast.

minus mind Map

It's real, it's easy and it's practical!

제3의 외국어들

명사 대명사

동사

동사들

관사

❺ 동사도 알게 되었다면!
(동사 - 얌전한 동사 / 튀는 동사)

동사를 알면 문장이 보입니다.
영어와 비슷하거나 살짝쿵 다른
동사들을 만나 조금씩 친해지시면,
완전한 문장을 만들고, 말하고
하는 것이 슬슬 가능해집니다.
바야흐로 행동과 관련해서
말할 수 있는 단계가 됩니다.

❹ 명사와 通했을 경우!
(명사/대명사, 관사/정관사
-부정관사)

명사의 앞에 나와 명사의 성격을 미리 알려주는 관사!
우리말엔 없어서 다소 낯설 수도 있지만,
관사를 만나면 명사와 더욱 확실하게 친해질 수 있습니다.
아기자기한 관사의 세계! 골라서 써먹는 재미가 있답니다.
이제부턴 이거다, 저거다 확실하게 말할 수 있습니다.

Easy
It makes learning
a language fun and fast.

-3m · mmm

형용사

형용사들

❻ 형용사와 만나면!
(형용사)

여러분의 제3 외국어가 훨씬 예뻐질 것입니다.
알록달록한 형용사의 재미를 느낄 수 있답니다!

전치사

❼ 전치사는 짧다!
(전치사)

짧은 전치사 한마디가 긴 문장을
완벽하게 대신할 수 있습니다.
'전치사+몸짓, 발짓' 만으로 웬만한
소통이 가능합니다.
짧고 굵은 거 좋아하시면
전치사를 꽉 잡으세요!
단어 하나로 의사소통이 된다는데,
이게 어딥니까?

나머지 문법들

❽ 아뵤~! 그냥 끝까지 달려!
(나머지 문법들)

여기까지 배우셨다면 나머지 문법들을
마저 끝내십시오!
여기까지 왔는데 더하고 빼고 할 거 뭐 있어요!
그냥 끝까지 달려주쎄엿!

Take the Pleasure of Learning!
It makes learning a language fun and fast.

contents 001
It makes learning
a language fun and fast.

contents Teach Yourself Languages

002

004

005

It's real, it's easy and it's practical!

contents

Take the Pleasure of Learning!
It makes learning a language fun and fast.

Easy
It makes learning
a language fun and fast.

contents | Teach Yourself Languages

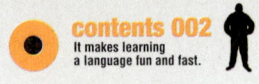

contents 002

It makes learning
a language fun and fast.

contents ∎ Teach Yourself Languages

It makes learning
a language fun and fast.

011

It makes learning
a language fun and
fast.

012

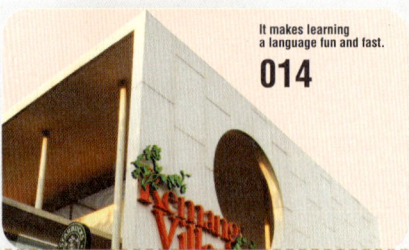

It makes learning
a language fun and fast.

014

It's real, it's easy and it's practical!

Take the Pleasure of Learning!
It makes learning a language fun and fast.

contents ▌ Teach Yourself Languages

● Fun
It makes learning
a language fun and fast.

contents 003
It makes learning
a language fun and fast.

It makes learning
a language fun and fast.
021

It makes learning
a language fun and fast.
022

It makes learning
a language fun and fast.
023

Take the Pleasure of Learning!
It makes learning a language fun and fast.

contents Teach Yourself Languages

Quick
It makes learning
a language fun and fast.

Take the Pleasure of Learning! It makes learning a language fun and fast.

Orang utan

Istana

Java

TPL ^L^ Take the Pleasure of Learning!
It makes learning a language fun and fast.

 Easy It makes learning a language fun and fast.

 Fun It makes learning a language fun and fast.

 Quick It makes learning a language fun and fast.

Indonesia
Indonesia

Borneo

001

아... 아...
마이크 시험 중,
여기는 인도네시아!
친절한 인도네시아어

- 여보세요?
- 여보세요?
- 잘 지내고 있니?
- 네~ 별일 없이 잘 지내고 있지요!
- 거 뭐더라? 이번에 뉴스에서 인도에 지진이 났다고 하던데, 너는 별일 없니?
- 네~ 그럼요. 걱정마시고요. 전 건강하답니다.
  근데, 제가 있는 곳은 인도가 아니고 인도네시아에요.
- 그게 그 나라지 뭐.
- -_-; @#%*@#

한 해에 한두 번은 꼭 받게 되었던 통화 내용입니다. -_-;
부모님을 비롯해서 저희 일가 친척분들께서는 한동안 인도와 인도네시아를 같은 나라로 생각하셨거든요. 학창시절 제게 온 학보를 엉뚱하게 인도어과 학보통에서 발견한 경우도 한두 번이 아니고요. 의외로 많은 사람들이 서남아시아에 있는 인도를 인도네시아로 알고 계시더라고요.

여러분께서는 인도네시아를 아시나요? 그럼 최고의 허니문 여행지로 사랑 받고 있는 '발리' 는 어떤가요? 그 '발리' 가 17,800여 개의 섬들로 이루어진 세계 최대의 군도국가, 인도네시아의 섬 중에 하나라는 것은 알고 계신가요? 이쯤에서 '아하, 그렇구나!' 하실 분이 계실지도 모르겠네요.

인도네시아는 적도에 걸쳐 있어 우리나라에서 비행기로 장장 7시간 정도 하늘을 날아가서야 만날 수 있는 나라이지요.

이런 물리적인 먼 거리로 인해 여러분의 마음에서도 멀고 먼 나라로 자리잡고 있는 것이 자연스러운 일일지도 모르겠네요. 하지만 인도네시아는 생각보다 우리에게 휘~얼씬 가까운 나라랍니다. 자, 이제부터 우리가 모르는 사이에 훌쩍 우리 곁에 와 있는 가까운 나라 인도네시아 그리고 약 2억 5천만 명의 사람들이 사용하는 인도네시아어를 여러분께 소개합니다.

가도가도 끝이 없는 인도네시아...

학생 때였답니다. 배낭을 메고 처음으로 인도네시아에 와서 버스를 타고 이곳 저곳을 여행했지요. 이른 아침 버스에 올라 한나절을 보내고, 다시 밤이 되고, 또 다시 아침이 되어도 목적지에는 아직 도착하지 않은 경우가 허다했습니다. 인도네시아는 정말 가도가도 끝이 없더군요.

그 기나긴 버스여행을 하면서 하루에 한 번은 먹게 되었던 현지음식 '가도-가도'(**GADO-GADO**)가 있었습니다. **GADO- GADO**는 여러 가지 야채 위에 삶은 계란 그리고 땅콩소스를 듬뿍 얹어 낸 샐러드인데요, 인도네시아 음식 중 샐러드의 대표명사로 볼 수 있는 음식이랍니다. 그 당시 인도네시아는 제가 매일매일 먹던 샐러드 **GADO-GADO**처럼, 정말 '가도-가도' 끝이 없는 무지 큰 나라였습니다.

하늘의 별만큼 많은 섬들이 모여 이루고 있는 나라. 최대 다수의 무슬림들이 있지만, 국교가 이슬람이 아닌 나라. 오히려 세계 4대 종교의 기념일이 모두 국경일로 지정되어 있는, 다양한 종교가 인정되는 나라. 일년 내내 무더운 날씨를 가진 열대기후의 나라이지만 만년설, 빙하가 공존하여 눈이 쌓인 봉우리를 볼 수 있는 나라. 인도네시아는 이처럼 다양한 얼굴을 가지고 있는 나라랍니다. 그 다양한 얼굴을 가진 넓디 넓은 인도네시아에서 장소를 옮길 때마다 먹는 '가도-가도'는 만드는 사람에 따라 또 지역에 따라 그 재료와 모습이 다양하더군요. 하지만 비록 재료와 모습이 다름에도 불구하고 모두 한 이름 '가도-가도'로 불리고 있습니다. 바로 위에 듬뿍 얹어 있는 '땅콩소스' 때문이었지요.

전 가도-가도의 달콤한 땅콩 소스가 마치 인도네시아어 그 자체 같다는 느낌이 듭니다. 서쪽의 수마뜨라 섬을 시작으로 수도 자카르타가 있는 자바 섬을 지나, 우리에게는 보르네오라는 이름으로 더욱 익숙한 깔리만딴 섬, 아직까지 구석기 문화를 지닌 원주민들이 밀림 속에서 생활하고 있는 이리얀 자야 섬, 그리고 저기 동쪽 끝 빠뿌아까지… 가도가도 끝이 없는 이 나라에서 700개 이상의 지역어를 구사하는 300여 종족이 '인도네시아'라는 하나의 이름으로 뭉쳐 살 수 있는 것은 각양각색의 재료를 하나로 어우러지게 하는 달콤하면서도 고소한 땅콩소스와 같은 인도네시아어가 있기 때문이 아닐까요…
(**Gado-gado** [가도-가도] 여러 가지 야채 위에 땅콩소스를 듬뿍 얹어 낸 인도네시아 식 샐러드)

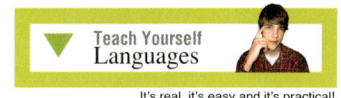

Java 커피 한 잔 하실래요?

한국에서 무심코 여러분들이 마시는 커피에서도 여러분은 이미 인도네시아를 만나고 계시답니다. 인도네시아는 커피산지로도 매우 유명합니다. 인도네시아의 수도, 자카르타가 있는 자바 섬의 **Java**산 커피는 세계적으로 유명하지요. 선마이크로 시스템스가 개발해서 오늘날 사용하는 컴퓨터 언어의 이름이 왜 **Java**인지 아세요? 이 회사의 소프트웨어 개발팀 직원들이 자주 이용하던 커피가게 상호에서 이름을 따왔다고 합니다. (그런데 그들은 과연 인도네시아의 자바 섬을 알고 있었을까요? *··*) 또한, 고등학교 시절 세계사 교과서에 등장했던 '자바원인~!', 원숭이와 인류를 이어주는 고리로 알려진 그 화석이 발견된 곳도 바로 이 자바 섬이랍니다. 어떠세요? 점점 인도네시아가 가깝게 다가오지 않으세요? 그런데요, 인도네시아어로 **Java**는 사실 **Jawa** [자와]라고 합니다.

(**Jawa** [자와] 세계에서 열 번째로 크고 인도네시아에서는 다섯 번째로 큰 섬이며 수도 자카르타가 있는 섬, 자바 섬의 이름)

혹시 '궁전' 을 타보셨나요?

우리나라 승합차 이름 중에 '이스타나' 를 아시나요? 그런데 그거 아세요? 그 '이스타나' 가 인도네시아어랍니다. 이스타나는 왕이 사는 '궁전' 을 의미합니다. 인도네시아에서는 대통령 관저를 '이스타나' 라는 단어를 사용해서 표현하고 있어요. 바로 '대통령궁' 이라는 의미이지요. 여러분이 승합차 '이스타나' 를 타보셨다면, 여러분은 왕궁을 타고 다니신 거랍니다. (··*)

또 때로 덩치가 크고 우락부락하게 생긴 사람을 두고 흔히 오랑우탄이라 하지요. 이 오랑우탄은 고릴라와 몸 크기가 비슷하고 침팬지와 외모가 흡사한 영장목의 성성이과의 동물로 인도네시아에 살고 있답니다. 물론 오랑우탄도 인도네시아어이지요! 인도네시아어로 오랑(**orang**)은 '사람'을 뜻합니다. 얼마나 사람과 비슷한지 상상이 가시지요. 실제 유전적으로도 다른 영장 목의 동물들 중 가장 사람과 가까운 동물이라고 하네요. 이 오랑우탄은 현재 멸종 위기를 맞고 있는 동물 중 하나로 야생상태로 서식하고 있는 곳은 지구상에서 인도네시아의 수마트라 섬과 보르네오 섬 두 곳뿐이랍니다. 그 두 섬 중 하나인 '보르네오' 어쩨 좀 익숙하지 않으신가요? 그렇습니다. 우리나라 가구 회사 이름이지요. 어쩌면 어린 시절 우리는 인도네시아 보르네오 섬의 울창한 밀림에서 가져온 나무로 만들어진 책상과 의자에서 공부하고, 침대에서 잠들었을지도 모르겠네요.

(보르네오 섬에는 인도네시아와 말레이시아 그리고 브루나이 왕국 세 나라의 영토가 모두 속해 있답니다. 인도네시아에서는 현재 보르네오보다는 깔리만딴이라는 이름으로 불리고 있으며, 또 인도네시아인들은 보르네오 섬 전체를 깔리만딴이라 부르기도 하지요.)

Orang utan

[오랑 우딴] 오랑우탄

Istana

[이스따나] 궁전

Borneo

[보르네오] 보르네오

 **Easy** It makes learning a language fun and fast.
 **Fun** It makes learning a language fun and fast.
 **Quick** It makes learning a language fun and fast.

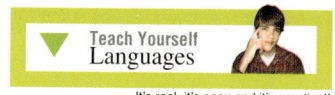

야~! 그거 어따 쓰냐? 딴 거나 배워라!

혹시 여러분 주위에서 누군가 이런 말씀을 하시나요? 학창시절 저도 참 많이 들었던 말 중 하나랍니다. (··;;) 인도네시아가 우리에게 워낙 생소한 나라이다 보니 인도네시아어 역시 생소한 언어일 뿐만 아니라 사용하는 인구도 적다고 생각할 수 있지요. 하지만, 천만의 말씀입니다! 인도네시아어는 동남아시아 도서지역에서 교역어(**lingua franca**)로 사용되었던 말레이어(정확하게는 멀라유어(**Bahasa Melayu**)라고 합니다.)에 뿌리를 두고 있는 언어입니다. 말레이어는 동남아 도서지역이 서구 식민통치를 받던 시절에도 식민통치 정부들이 권장했던 언어이기에 현재에도 이 말레이어를 사용하는 인구는 동남아의 여러 나라에 퍼져 있습니다. 일단 인도네시아어를 하게 된다는 것은 말레이시아의 국어인 말레이어를 할 수 있다는 것을 의미합니다. 말레이-인도네시아어라고 할 만큼 인도네시아어와 말레이어는 방언적 차이만을 가진 아주 가까운 언어이거든요. 또한 싱가포르도 이 말레이-인도네시아어를 여러 공용어 중 하나로 가지고 있으며, 브루나이, 태국의 일부에서도 통용되는 언어랍니다. 인도네시아어를 구사하는 사람들이 이렇게 많다니 깜짝 놀라셨지요? (·0·)

동남아를 안방처럼 뛰어다니실 여러분~~!

오랑우탄, 이스타나, 자바, 보르네오… 익숙한 단어들을 듣고 나니 머나먼 나라처럼 느껴졌던 인도네시아가 아주 가깝게 느껴지지 않으세요? 또 인도네시아어가 많은 지역의 수많은 사람들이 사용하는 언어라는 사실을 알게 되고 나니, 갑자기 매력적으로 다가오지 않나요?
자, 어떠세요? 전 세계가 새롭게 주목하며 새로운 국제무대로 떠오르고 있는 동남아시아를 안방처럼 뛰어다니실 여러분들에게 꼭 필요한 언어라는 생각이 들지 않으세요? 그렇다면 이제 천천히 저와 함께 인도네시아어의 매력에 한번 흠뻑~ 빠져 보시겠습니까?

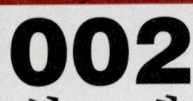

002
쉽고 재미있는 인도네시아어!
인도네시아어의 결정적 매력

사람과의 만남에 있어서 첫인상이 중요하듯이 외국어 역시 첫인상이 중요한 법이지요.
만일 '외국어 첫인상 대회' 라도 있다면 인도네시아어가 단연코 일등일 것입니다. 과연
인도네시아어의 첫인상이 그처럼 좋은지 일단 여러분이 만나보고 판단해 주시겠어요?

 Easy
It makes learning
a language fun and fast.

 **Fun**
It makes learning
a language fun and fast.

 **Quick**
It makes learning
a language fun and fast.

Indonesian

2억 5천만 명의 외국인과 대화해요!

인도네시아어를 배워 보겠다는 여러분! 정말 탁월한 선택입니다. 인도네시아어를 한다는 것은 여러분이 자그마치 2억 5천만의 세계인들과 이야기를 나눌 수 있다는 것을 의미하거든요. 탁월한 선택을 하신 여러분께 인도네시아어가 실망을 안겨 드리지는 않을 것입니다. 인도네시아어만큼 '왕초보 딱지'를 쉽게 뗄 수 있는 언어도 없답니다. 인도네시아어가 과연 얼마만큼 쉽고 재미있는 언어인지 궁금하시다고요? 자, 그럼 절 따라오세요.

하나, A B C 알파벳을 사용해요!

대개 아시아 권의 언어들은 고유의 문자체계를 가지고 있지요. 그러나 인도네시아어는 우리에게 친숙한 알파벳을 사용하고 있답니다. 인도네시아어라 해서 희한하게 생긴 문자를 머리 속에 그리고 계셨다고요? 문자만 익히는 데도 몇 달이 걸리는 다른 외국어에 비해 얼마나 다행스러운 일입니까! 그것만으로도 인도네시아어는 벌써 여러분의 점수를 톡톡히 얻어냈을 것입니다.

Easy
It makes learning
a language fun and fast.

Fun
It makes learning
a language fun and fast.

Quick
It makes learning
a language fun and fast.

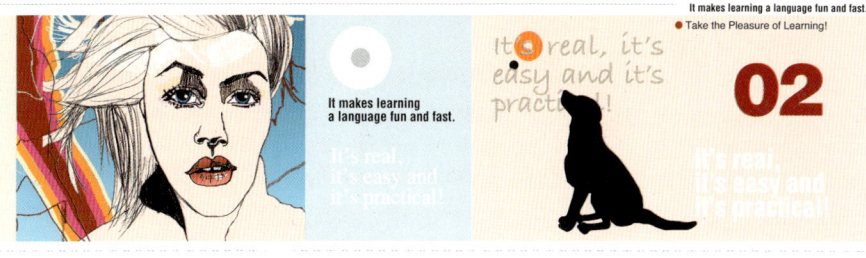

It makes learning a language fun and fast.
● Take the Pleasure of Learning!

02

둘, 어려운 동사변화, 이젠 안녕~

아직 인도네시아어에 점수를 못 주시겠다고요? 그럼 이건 어떨까요? 이제까지 외국어 공부를 하면서 시제나 인칭에 따른 동사변화를 외우는데 골머리를 앓으신 경험이 있으신가요? 앞으로 인도네시아어를 공부하는 동안 그런 가슴 아픈 기억들은 싹 잊어주세요.

인도네시아어에서 동사는 기본적으로 시제나 인칭에 따른 변화가 없거든요. 인도네시아어로 '먹다' 를 **makan** [마깐]이라 합니다. 내가 먹건, 그가 먹건, 우리가 먹건, 그들이 먹건 혹은 아까 먹었건, 이따 먹을 것이건 (휴~ 숨차라…) 그러니까 제가 드리고 싶은 말씀은요, 모두 **makan** [마깐]이라 하면 된다는 거예요. 정말 쉽지요?
(**makan** [마깐] 먹다)

그리고 영어의 '**I-my-me-mine**' 처럼 인칭대명사의 격변화도 없어서 '나' 하나만을 가지고 '내가' , '나의' , '나를' 을 쓸 수 있다는 것, 바로 인도네시아어만이 가진 큰 장점이지요. 인도네시아어에서 1인칭 대명사 '나' 는 **saya** [사야]라고 합니다. 이 **saya** 하나만을 가지고 '내가' , '나를' , '나의' 를 모두 표현할 수 있다 바로 그 말씀이지요. 캬! 얼마나 쉽고 재미있습니까!
(**saya** [사야] 내가, 나를, 나의 (1인칭 대명사))

셋, 기초문법이 단순해요!

아직도 주저하세요? 저런... 외국어에 대한 상처가 많으시군요. 그럼 히든카드를 꺼낼 수 밖에요. 인도네시아어에서는 '아이'를 '아낙'(**anak**)이라 합니다. 그럼, 아이가 여러 명일 때에는 어떻게 말할까요? 바로 아낙을 두 번 쓰면 되지용. (·0·)

anak

[아낙] 아이

anak-anak

[아낙-아낙] 아이들

호호! 뒤로 넘어가셨군요.
뿐만 아니라 인도네시아어의 기초문법은 비교적 복잡하지 않아 단어만 웬만큼 알게 되어도 곧바로 짧은 문장의 회화가 가능하답니다. 쉽고 재미있는 인도네시아어를 소개하는 데 있어서 결코 빠질 수 없는 설명, 바로 인도네시아어에서는 간단한 문장, 특히 회화체에서는 동사가 자주 생략된다는 것입니다.

Easy
It makes learning
a language fun and fast.

Fun
It makes learning
a language fun and fast.

Quick
It makes learning
a language fun and fast.

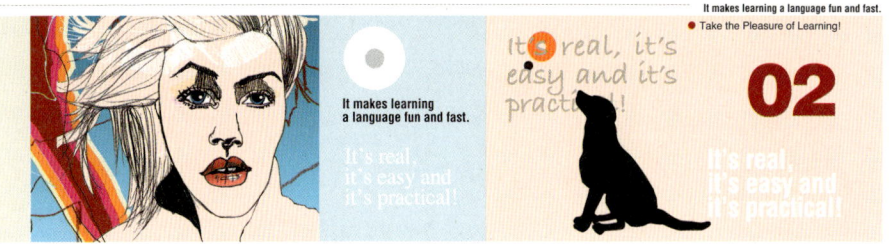

It makes learning
a language fun and fast.

It's real,
it's easy and
it's practical!

It's real,
it's easy and
it's practical!

02

특히 영어의 **be**동사에 해당하는 동사가 가장 많이 생략되는 동사라는 사실은 그야말로 재미있고 배우기 쉬운 인도네시아어를 만드는 일등공신이지요. **be** 동사 없이 어떻게 문장을 만드냐고요? 그렇다면 제가 쬐금 맛을 뵈드려야겠네 요.

인도네시아어로 지시사, 즉 '이것' 과 '저것' 을 각각 **ini** [이니]와 **itu** [이뚜]라 합니다. 그리고 음료의 대명사, '커피' 와 '차' 는 우리에게 그다지 어색하지 않 은 단어들이에요. **kopi** [꼬삐]와 **teh** [떼]랍니다. 영어의 **coffee**, **tea**와 유사하 지요? 자, 그럼 아래 문장을 보실까요?

Ini kopi.

[이니 꼬삐.] 이것은 커피입니다.

Itu teh.

[이뚜 떼.] 저것은 차입니다.

'어? 「~입니다」라는 동사 어디 갔어?' 하고 찾고 계신가요? 아님, '이건 커피, 저건 차, 그런 식으로 문장이 아직 완성되지 않았나?' 라고 생각하시나요? 아니 에요. 이것만으로도 문법적으로 전혀 하자 없는 문장이 완성되었습니다.

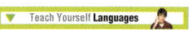

일전에 인도네시아에서 20년 넘게 사신 한국 교민과 이런 대화를 나눈 적이
있었어요.

- 처음에 인도네시아에 왔을 땐 인도네시아어의 'ㄱ'도 몰랐답니다.
- 와! 그럼 처음에 어떻게 사셨어요?
- '이니' 와 '이뚜' 그리고 명사 열 개 가지고 끄떡없이 1년을 버텼지요.
- ㅋㅋㅋㅋㅋ

이런 사람 조심하세요~!

'인도네시아에 가면 이런 사람 꼭 있다!'
공항에 도착해 짐을 찾으러 가고 있는데~, 푸른 옷을 입은 사람들이
우르르 달려와 짐이 어떤 것이냐며 대신 들어줄 자세를 취하고 있지요?
요럴 땐 바로 **Tidak usah.** [띠닥 우사.]라고 하세요. '필요 없다.' 는 말이지요.
언뜻 보면 공항직원 같지만 직원이 아니랍니다. 부탁도 하지 않았는데 짐을 들
어주고는 바로 손을 내밀지요. 루삐아(**Rupiah**, 인도네시아의 화폐)를 잔돈으
로 가지고 계신가요? 이럴 경우 대부분이 루삐아가 없고, 있다고 하더라도 잔
돈이 없기 때문에 '울며 겨자 먹기' 로 큰돈을 빼앗기기가 일쑤이지요.

Easy
It makes learning
a language fun and fast.

Fun
It makes learning
a language fun and fast.

Quick
It makes learning
a language fun and fast.

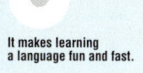
It makes learning
a language fun and fast.

▼ Teach Yourself **Languages**
It makes learning a language fun and fast.
● Take the Pleasure of Learning!

02

보통 공항에서 인도네시아에 대한 첫인상이 팍 구겨진다고들 합니다. 하지만, 그 나라에 대한 첫인상은 자신이 어떤 준비를 했는가에 따라 달라질 수 있는 법이지요. 인도네시아어의 기본기가 탄탄한 여러분들이 인도네시아에 대한 구겨진 첫인상을 가질 일은 결코 없습니다!! 자, Tidak usah. [띠닥 우사.]라는 여러분의 단호한 의사표현에 한 발 물러났을 겁니다.

그런데 짐을 찾아 나오는데 이번엔 택시 기사들이 따라붙는군요. **Tidak usah.** [띠닥 우사.] 단호하게 말하세요. 마중 나온 차가 없다면 택시를 타야 합니다. 아쉽게도 자카르타 공항에서 시내로 갈 경우 공항버스나 지하철은 기대할 수 없습니다. 그런데 중요한 것은, 인도네시아에서는 함부로 아무 택시나 타서는 안 된다는 사실입니다. 특히 외국인들은 길을 잘 모르기 때문에 일부러 멀리 돌아가는 일이 허다하고, 강도 등 불미스러운 사건이 생기기도 하지요.

조금만 걸어나가시면 블루버드(**Blue Bird**)나 우리나라의 모범택시와 같은 실버버드(**Silver Bird**) 택시 전용승차장이 여러분을 기다리고 있을 것입니다. 그곳에서 택시를 타신다면 안전하게 목적지까지 모셔다 드릴 겁니다.
(**Tidak usah.** [띠닥 우사.] 필요 없습니다. / 됐어요.)

Take the Pleasure of Learning!
It makes learning a language fun and fast.

Take the Pleasure of Learning! It makes learning a language fun and fast.

34 Teach Yourself Languages

Indonesian 1/6

Easy
It makes learning
a language fun and fast.

Fun
It makes learning
a language fun and fast.

Quick
It makes learning
a language fun and fast.

Indonesian 2/6

Indonesian 3/6

Indonesian

Indonesian 4/6

Indonesian 5/6

Indonesian 6/6

003

인니어는 어떻게 쓰고 어떻게 읽을까요?

A, B, C…[아, 베, 쩨…] **알파벳**

**두근두근, 새로운 언어에 대해 잔뜩 기대를 품고 있는 여러분에게 인도네시아어의
문자와 발음을 소개해 드립니다. 인도네시아어는 과연 어떻게 쓰고, 어떻게 읽을까요?**

🌴 발음 기호야, 철자야?

쉽고 재미있는 인도네시아어! 발음 역시 무지 쉽답니다.
인도네시아어에서는 각 단어의 철자 자체가 곧 발음기호인 셈입니다.
다시 말해 철자대로 발음하면 되는 것입니다.
일단은 인도네시아어로 알파벳을 읽을 줄 알아야겠지요?
익숙한 영어 발음을 잠시 잊으시고 새롭게 읽어봅시다.
자, 그럼 시작해볼까요?

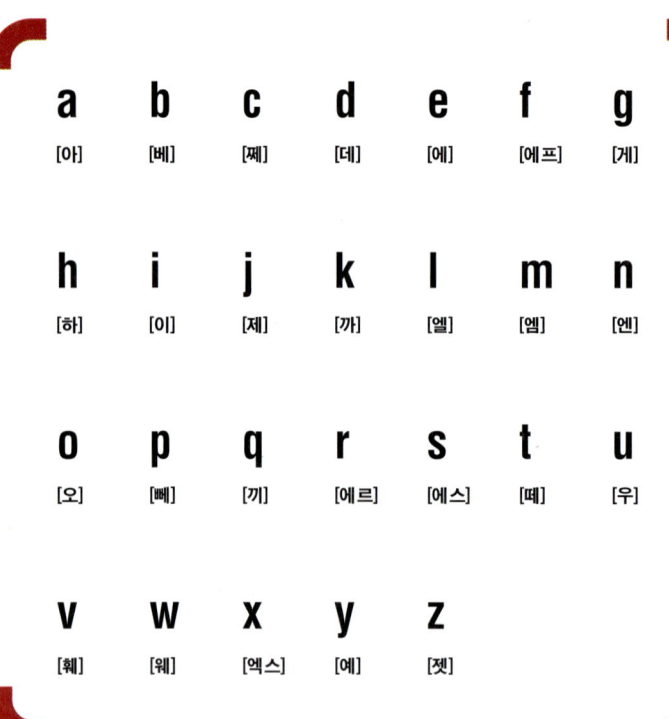

a	b	c	d	e	f	g
[아]	[베]	[쩨]	[데]	[에]	[에프]	[게]

h	i	j	k	l	m	n
[하]	[이]	[제]	[까]	[엘]	[엠]	[엔]

o	p	q	r	s	t	u
[오]	[뻬]	[끼]	[에르]	[에스]	[떼]	[우]

v	w	x	y	z
[훼]	[웨]	[엑스]	[에]	[젯]

Easy
It makes learning
a language fun and fast.

Fun
It makes learning
a language fun and fast.

Quick
It makes learning
a language fun and fast.

알파벳을 읽은 소감이 어떠신지요?

그야말로 솔직하게 발음이 되지요? 외국어를 발음할 때 흔히 입에 발라야 하는 '버터'에 대한 부담감은 인도네시아에서는 안녕! 입니다. 우아하게 혀 굴릴 필요 없이 생긴 대로 솔직한 발음을 가진 인도네시아어거든요. 하지만 물론 몇 가지 주의사항은 있지요.

🟢 모음에서의 주의사항!

a, e, i, o, u. 아, 에, 이, 오, 우. 각각 생긴 대로 발음하지요.

그러나 e, 즉 '에' 발음은 짚고 넘어갈 것이 있습니다.

e는 단어에 따라 '에'로 발음되기도 하고, '어'나 '으'로 발음되기도 합니다. 그렇다고 얼굴 찡그리지는 마세요. 단어 속에 있는 e를 '에'로 읽을까, '으'나 '어'로 읽을까 고민되는 것은 잠시랍니다. 희한하게도 인도네시아어 단어를 자꾸 읽다 보면 e 발음을 두고 '감 잡았으!' 하실 날이 옵니다. 혹, 그 '감'이 안 잡히더라도 걱정하지 마세요. '에'로 읽어야 할 e를 '어'나 '으'로 읽었다고 해서 단어의 의미가 달라진다거나 하는 큰일이 생기지는 않으니까요. 이에 대한 자세한 설명은 단어를 읽어볼 때 하도록 하지요.

사실 인도네시아어 철자를 우리말 발음으로 표기할 때에 모음 **e**의 경우는 저역시 고민이 됩니다. '에' 로 발음되는 것은 확실하게 '에' 로 쓰지만, '어' 나 '으' 는 사실상 완전하다고는 할 수 없거든요. 실제 인도네시아 사람의 발음을 들으면 아시겠지만 '어' 와 '으' 의 중간 발음으로 들리는 경우가 많습니다. 따라서 제가 '어' 로 쓰는 경우는 '어' 에 가까운 발음이고 '으' 라고 쓴 경우는 '으' 에 가까운 발음이라는 것을 밝혀 둡니다.

✝ 자음에서의 주의사항!

앞에서 알파벳을 읽으면서 벌써 감 잡으셨지요?
인도네시아어에서 **k, p, t**는 '크, 프, 트' 로 발음하지 않고, '끄, 쁘, 뜨' 로 발음합니다. 다른 외국어에서는 쉽게 찾아볼 수 없는 발음, 그러나 한국 사람에게는 아주 친숙한 경음이지요. 실제로 서양 사람들은 인도네시아어에서 '끄, 쁘, 뜨' 라는 발음을 잘 하지 못해서 그들이 하는 인도네시아어가 유창하게 들리지 않습니다. 자! 우리 한국인의 강점, 경음에 대한 능력을 팍팍 발휘해주세요. 부담스러운 '버터' 빼고 익숙한 '된장' 을 바르면 됩니다. (·0·) 참고로, 우리가 이미 알고 있는 인도네시아어가 실은 정확하게 발음하자면 '오랑우탄' 이 아니라 '우랑우딴' (**orang utan**)이라 하고, '이스타나' 가 아니라 '이스따나' (**istana**)라 합니다.

그리고 **c**는 '쩨' 즉, 우리말의 'ㅉ' 으로 발음합니다. 좀 어색하시다고요?
금방 적응이 되실 거예요. 어쩌면 너무 적응이 되신 나머지 영어의 **c**까지 'ㅉ' 으로 읽으실까 걱정이 되네요.

Easy It makes learning a language fun and fast.
Fun It makes learning a language fun and fast.
Quick It makes learning a language fun and fast.

It makes learning a language fun and fast.

Take the Pleasure of Learning! It makes learning a language fun and fast.   Take the Pleasure of Learning! It makes learning a language fun and fast.

r의 경우에는 우리의 발음구조상 약간 힘든 발음일 수 있습니다.
혀의 끝 부분을 떨게 하는 소리를 내야 하거든요. 전동음이라 하지요. 혀의 끝
을 떨게 만드세요. 드르르르르~ 힘드시다고요. 괜찮습니다. 다 방법이 있어요.
r 발음에 대한 비법은 역시 다음 과에서 가르쳐 드릴께요. 흔히 동남아시아 사
람의 영어 발음을 알아듣기 힘들다는 호소를 들을 때가 있는데, 인도네시아 사
람의 경우에는 특히 이 r 발음의 탓이 아닌가 합니다. r을 전동음으로 하는데
익숙해 있어서 영어의 r 발음도 모국어처럼 발음하거든요.

h의 경우, 우리말의 'ㅎ'과 같은데 단어 중간에 같은 모음 사이에 올 때를
제외하고는 흔히 묵음이 되거나 약하게 발음합니다.
또한 앞으로 h로 끝나는 단어도 종종 보게 되실 텐데요.
이때에도 역시 굳이 끝에 '흐흐' 하지는 마세요.
음흥하게 들립니다.(··;)
그냥 가볍게 공기를 뱉듯이 발음하시면 됩니다.
흐흐흐.
(이 책에서 h가 들어간 단어의 발음표기는
'ㅇ'과 'ㅎ'이 혼용되어 있습니다. 가능한
현지인의 발음에 가깝게 표기하고자 그렇게
한 것이니, h가 들어간 단어의 발음은 'ㅇ'과
'ㅎ'의 중간발음 정도로 익혀주세요.)

39 Teach Yourself Languages

▼ Teach Yourself Languages

⚬ 기타 주의할 발음!

ng는 우리말의 '응'에 해당합니다. 영어의 **ing** '잉' 과 유사한 발음이지요. 그런데 인도네시아어에서 **ng**는 단어의 맨 처음부터 등장하기도 합니다. 그럴 때에도 그냥 '응' 으로 시작해서 읽으시면 됩니다.

y의 경우에는 주요 모음과 만나서 이런 소리를 내지요. **ya**는 '야', **yo**는 '요', **ye**는 '예'. 다른 자음과 붙여 볼까요? **nya**는 '냐', **nyo**는 '뇨', **sya**는 '샤', **syo**는 '쇼' 이지요.

그리고 이따금 **kh**가 나올 것입니다. 그럴 땐 '크'로 읽으시면 됩니다. **k**만 있으면 물론 'ㄲ' 이고요. 또한 **f, v, x**는 보통 외래어에서 온 단어를 표기할 때 등장하는데 이런 철자를 가진 단어는 그다지 많지 않으며, 이 철자들은 그냥 영어의 철자를 읽듯이 읽으시면 됩니다.

ng	**yo**	**ya**	**kh**
[응]	[요]	[야]	[크/흐]

지금은 위의 알파벳을 소리 내서 여러 번 읽어보는 시간이에요. 그러나 눈으로만은 절대 안됩니다. 언어는 말하기가 우선입니다. '입'이 게으르면 절대 외국어는 늘지 않는다는 거 잘 아시지요?

 **Easy** It makes learning a language fun and fast.

 **Fun** It makes learning a language fun and fast.

 **Quick** It makes learning a language fun and fast.

004

바나나를 먹어요.

Makan, Pisang / Makan pisang.

[마깐, 삐상 / 마깐 삐상.]

단어 읽기

인도네시아어로 알파벳을 소리 내서 여러 번 읽어보셨나요?
너무 쉬워서 입에 척척 붙을 지경이라고요? (^ ^*)
알파벳이 익숙해지셨다면 인도네시아어 단어를 읽는 것은
'누워서 떡 먹기' 보다 더 쉬운 '누워서 바나나 먹기' 랍니다. (^o^)

 Easy
It makes learning
a language fun and fast.

 Fun
It makes learning
a language fun and fast.

 **Quick**
It makes learning
a language fun and fast.

Take the Pleasure of Learning! It makes learning a language fun and fast.

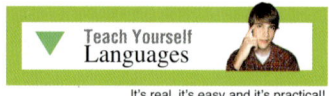

It's real, it's easy and it's practical!

깜짝 퀴즈!

제가 주문한 대로 과연 인도네시아어 알파벳을 여러 번 읽어보셨는지 자, 확인 들어갑니다요!

makan

어떻게 읽을까요? 딩동댕~ 맞추셨어요. [마깐] 뜻이 뭘까요? 네, 바로 '먹다' 입니다. 앞에서 제가 말해서 이미 알고 있다고요? 여러분이 기억하고 있는지를 보려고 물어본 거예요. (··)
그럼, 이건 어떻게 읽을까요?

pisang

[삐상], 맞습니다. 자음에서의 주의사항을 잘 기억하고 계시는군요. **pisang** [삐상]은 '바나나' 입니다. 그럼 **pulau**는? [뿔라우]로 발음하지요. 이중모음의 경우도 마찬가지예요. 쭉 순서대로 읽기만 하면 됩니다. **pulau** [뿔 라 우], **pulau** [뿔라우]는 '섬' 이라는 단어예요.

Quick & Easy
It makes learning
a language fun and fast.

Indonesian
Learn Indonesian!

Take the Pleasure of Learning! It makes learning a language fun and fast.

그럼 띵동! **ARS** 퀴즈입니다. 최근 아름다운 휴양지로 떠올라 최고의 '신혼 여행지'로 각광을 받고 있는 인도네시아의 섬은? 정답은 '발리 섬'이지요. 발리 섬은 인도네시아어로 **pulau Bali** [뿔라우 발리]라고 합니다.

cuaca
[쭈아짜] 기후

jalan
[잘란] 길

minum
[미눔] 마시다

pembantu
[뻠반뚜] 가사 도우미

santai
[산따이] 여유 있는, 한가로운

pahit
[빠힛] 맛이 쓰다

meja
[메자] 책상

세 가지로 발음되는 'e'

위의 **pembantu**는 [뼴반뚜]가 아니라 [뼴반뚜]라 발음합니다.
이때의 **e**는 '에'가 아니라 '어'로 발음하는 것이지요. 그러나 **depan**의 경우에는 [드빤]이라 발음합니다.

Teach Yourself Languages

meja, **pembantu**, **depan** 이 세 단어가 모두 같은 **e** 인데도 '에', '어', '으' 다르게 발음되지요. '에' 는 그렇다 치고, '어' 와 '으' 의 구별에 대해 너무 연연 해하실 필요는 없습니다. '어' 와 '으' 는 인도네시아 사람들도 개인의 발음 습관이나 방언에 따라 혼용 되기도 하거든요. 즉, **kecil**을 [꺼찔]이라 발음하는 사람이 있는가 하면 [끄찔]이라 발음하는 사람도 있 다는 것이지요. 그러니 일단은 **e**가 선명하게 '에' 로 발음되는 경우를 눈여겨 봐주세요.

pembantu
[쁨반뚜] 가사도우미

depan
[드빤] 앞

kecil
[끄찔/꺼찔] 작은

탄력 받았습니다. 그러면 계속 연습해볼까요?

enak
[에낙] 맛있다

gendut
[건둣/근둣] 배가 나온 / 뚱뚱한

terbang
[떠르방] 날다

허끝이 떨리는 소리 r

드디어 허끝이 떨리는 소리 r이 나왔군요. **terbang**은 [떨르방]이 아니라 [떠르방]이라 부드럽게 읽습니다. 이처럼 단어의 중간에 있는 **r**은 어렵지 않게 발음되지만 문제는 **r**이 단어의 맨 처음이나 맨 끝에 있을 경우예요.

rokok

[로꼭]이지요. 이때의 **r**은 우리말의 '르'로 선명하게 발음되는 l과 다르게 발음해야 합니다. 약간 떨리게 [로꼭], 휴~ 쉽지 않은 분이 계시리라는 것을 저도 잘 압니다. 저 역시 처음엔 무지 부담스러웠던 발음이었지요. 그럼 **tidur**는 어떻게 읽을까요? [띠두르]로 읽어요. [띠둘]이 아닙니다. 도저히 혀 굴러가는 소리로 끝나게 읽을 수가 없다고요? 그럼 띠두르에서 '띠'에 힘주어 읽고 나머지는 약하게 해보세요. 다시 한번 '띠두르!' 바로 그겁니다! 잘 하셨어요.

tidur
[띠두르] 자다

rokok
[로꼭] 담배

pasar
[빠사르] 시장

pacar
[빠짜르] 애인

저는 띠두르 띨띨입니다.
남자, 여자 몰라요.
그래서 애인구합니다.
^\^

Quick & Easy It makes learning a language fun and fast. **Indonesian** Learn Indonesian!

Take the Pleasure of Learning! It makes learning a language fun and fast.

여기가 고비니깐 잘 넘겨봅시다. 자꾸 연습해보면 나아질 거예요. **k**는 '끄' 로 발음하나 '흐' 의 **h**와 만나 **kh**가 되면 '크' 로 발음한다 하였지요. 따라서 **khusus**는 [쿠수스]라 발음하며, **khas**는 [카스]라 발음합니다.

ng은 주로 받침으로 많이 쓰이나 단어의 시작으로도 종종 쓰입니다. 그럴 경우 '응' 으로 시작하여 읽으시되, 이때 '응' 은 없는듯이 아주 짧게 발음하셔야 됩니다. 너무 선명하게 발음하면 현지인들이 고개를 갸우뚱하지요. '신조어인가? 라고 생각할지도 몰라요. 따라서 **sering**은 [스링]으로 읽고, **ngantuk**은 [응안뚝]이라 읽습니다.

khusus
[쿠수스] 특별한

khas
[카스] 독특한

sering
[스링] 종종

ngantuk
[응안뚝] 졸리다, 졸다

자, 그럼 마무리로 **bahasa**를 읽어봅시다. [바하사] 너무 쉽다고요? 바로 이 **bahasa** [바하사]는 '언어' 라는 뜻이에요. 그래서 우리말의 이름이 '한글' 이듯이, 인도네시아어의 이름이 **bahasa Indonesia** [바하사 인도네시애]이지요. 여러분과 저는 이 **bahasa Indonesia**가 맺어준 사이이고요.

수고하셨어요. 아무리 쉽다고는 해도 지금까지 알고 있는 것과는 다르게 알파벳을 발음하니까 많이 생소하셨지요? 제가 잘 압니다~! 하여튼 어려운 고비를 너무나 잘 넘기신 여러분에게 박수 세 번, 짝!짝!짝! ^L^V

나에게 우산을 씌워주던 소년

열대성 기후인 인도네시아에서는
해, **matahari** [마따하리]가 쨍쨍 내리쬐다가도
갑자기 어두워지면서 비, **hujan** [후잔]이 쏟아져
내리곤 합니다. 가게, **toko** [또꼬]에 잠깐 들어갔다
나왔을 때 혹은 차, **mobil** [모빌]에서 막 내렸을 때,
갑자기 내리는 비에 적잖이 당황스럽죠.

그럴 때 주위를 둘러보면 우산, **payung** [빠융]을
하나 들고 있는 작은 아이, **anak** [아낙]이 있을지도
몰라요. 차마 말을 건네지 못하고 쭈뼛거릴 테지요.

이 아이들은 용돈을 벌기 위해 아르바이트를
하고 있는 중이랍니다. 가고자 하는 곳을 말하면
그곳까지 우산을 받쳐 줄 겁니다.

그런데 그 아이를 보세요. 신발, **sepatu** [스빠뚜]도
신지 않은 맨발입니다. 물론 당신에게 우산을
씌워주느라 본인은 비를 흠뻑 맞고 걸을 테고요.
비가 멈추기 전에 다른 손님을 또 만나야 하니 발걸음
또한 빠르겠지요. 순간 가슴에 안쓰러움이 밀려옵니다.

비가 내리는데 막 가게 문을 열고 나선 당신을 작은
아이가 빼끔히 눈치를 살피고 있다면 가방, **tas** [따스]
안에서 꺼내려했던 우산을 그냥 다시 넣는 것은
어떨까요? 그 아이의 친절한 우산을 위해서 말이죠.

Anak!

Take the Pleasure of Learning!
It makes learning a language fun and fast.

005

안녕하세요! 별일 없으시죠?
Selamat pagi! Apa kabar?

[슬라맛 빠기! 아빠 까바르?]

인사말 배우기

Easy
It makes learning
a language fun and fast.

Fun
It makes learning
a language fun and fast.

Quick
It makes learning
a language fun and fast.

정이 많은 인도네시아 사람들은 길을 가다가 서로 눈이 마주치면,
혹은 함께 엘리베이터를 타게 되면 먼저 인사를 건넨답니다.
밝은 미소로 인사에 답해 주시는 건 어떨까요? **Selamat pagi! Apa kabar?**

 **Easy** It makes learning a language fun and fast.

환영합니다~!

자카르타의 국제 공항, 수까르노-하따(Soekarno-Hatta) 공항에 내리면 이런 인사말이 여러분을 반깁니다. **Selamat datang!** [슬라맛 다땅!] 푸른 옷을 입은 사람들이 여러분을 보면서 이렇게 인사하지요, 슬라맛 다땅! 그래서 잠시라도 인도네시아에 머무른 경험이 있는 사람들이 잘 기억하는 말 중에 하나가 바로 이 말이에요, 슬라맛 다땅! 바로 환영의 인사랍니다. 저 역시 여러분을 환영합니다, 슬라맛 다땅! (**selamat** [슬라맛] 안전한, **datang** [다땅] 오다)

Selamat datang.

[슬라맛 다땅.] 환영합니다.

자, 그럼 짐을 찾기 전에 입국심사를 해야지요? 아마도 첫 대화를 나누게 될 인도네시아 사람이겠군요. 어색함을 뒤로 하고 밝게 인사해 봅시다. 안녕하세요!

 **Quick** It makes learning a language fun and fast.

안녕하세요!

인도네시아어에서 '안녕하세요!'는 하루 중 '언제' 사람과 마주치느냐에 따라 다릅니다. 영어의 **Good morning!**, **Good afternoon!**, **Good evening!**과 마찬가지이지요. 인도네시아어로는 과연 '언제', '어떤' 인사를 해야 할까요? (**selamat** [슬라맛] 안전한, **pagi** [빠기] 아침, **siang** [시앙] 점심, **sore** [소레] 오후, **malam** [말람] 밤, **permisi** [뻐르미시] 실례합니다, **dulu** [둘루] 먼저, 일단)

 **Easy** It makes learning a language fun and fast.  **Fun** It makes learning a language fun and fast.  **Quick** It makes learning a language fun and fast.

Selamat pagi.
[슬라맛 빠기.] 안녕하세요. (아침 인사)

Selamat siang.
[슬라맛 시앙.] 안녕하세요. (점심 인사)

Selamat sore.
[슬라맛 소레.] 안녕하세요. (오후 인사)

Selamat malam.
[슬라맛 말람.] 안녕하세요. (밤 인사)

selamat은 원래 '안전한' 의 의미를 가진 형용사인데 '안녕하세요' 를 포함하여 대부분의 인도네시아어로 된 인사말에 출현한답니다. 앞으로 자주 보시게 될 거에요. 각각의 인사에 나오는 **pagi, siang, sore, malam**은 두말 하면 잔소리지요. 바로 아침, 점심, 오후, 저녁이라는 단어이고요. 앞에 나온 인사말에서 **Selamat**을 날리셔도 됩니다. 즉, 때에 맞게 각각 **Pagi!, Siang!, Sore!, Malam!** 이렇게만 하셔도 '안녕하세요!' 가 된다는 말씀이죠. 근데, 이렇게 인사하면 문제가 하나 있습니다. 인도네시아어가 너무 능숙하게 들린다는 것이지요. '어라, 이 사람 인도네시아에서 좀 살았나 본데?' 하면서 인사 뒤에 와장창 인도네시아어가 쏟아져 나올 수 있습니다. 자, 그럴 땐 **Permisi dulu.** [뻐르미시 둘루.] 하면서 얼른 상황 종료하시고 퇴장하시는 수밖에 없습니다. (·0·) 참고로 **Permisi dulu.**란 '먼저 실례하겠습니다.' 라는 표현으로 함께 있는 자리에서 먼저 자리를 뜰 때 사용하는 표현이지요.

적도에 걸쳐져 일년 내내 더운 여름만을 가진 섬나라 인도네시아는 아침 6시면 해가 '번쩍' 떠서 저녁 6시면 해가 '똑' 떨어집니다.

그래서 인도네시아에서의 하루는 일찍 시작된답니다.

은행이나 거의 모든 관공서들은 아침 8시부터 문을 열지요. 이른 아침을 먹고 나와 만나는 사람에겐 **Selamat pagi.** [슬라맛 빠기.]로 인사를 합니다. 좀 늦장을 부리다가 10시에 나오는 길에 누군가를 만나셨다고요? '아직 오전이니까' 하는 생각에 **Selamat pagi!**로 인사했더니 상대방은 점심 인사인 **Selamat siang.** [슬라맛 시앙.]으로 여러분의 인사에 화답하네요. 하루를 일찍 시작하는 인도네시아 사람들에게 오전 10시, 11시는 그야말로 한창 일할 때이기 때문입니다. 보통 점심 인사인 **Selamat siang.**은 오후 2, 3시경까지 사용하시고요. 그 다음 해 지기 전까지는 **Selamat sore.** [슬라맛 소레.]로 인사합니다. 그 이후 깜깜해지면 아시죠? **Selamat malam.** [슬라맛 말람.]

좀 전에 말씀드린 대로 인사에 나오는 **pagi** [빠기], **siang** [시앙], **sore** [소레], **malam** [말람]은 각각 아침, 점심, 오후, 저녁이라는 의미의 명사입니다. **sore** 를 빼고 나머지는 매 끼니의 식사를 한다는 표현을 할 때에도 사용합니다. '먹다' 는 **makan** [마깐]이라 하였으니, **makan pagi** [마깐 빠기]는 '아침 먹다', **makan siang** [마깐 시앙]은 '점심 먹다', 그리고 **makan malam** [마깐 말람]은 '저녁 먹다' 가 되는 것이지요. 우리말과 표현이 같지요?

makan pagi
[마깐 빠기] 아침 먹다

makan siang
[마깐 시앙] 점심 먹다

makan malam
[마깐 말람] 저녁 먹다

Baik, terima kasih

Easy
It makes learning
a language fun and fast.

Fun
It makes learning
a language fun and fast.

Quick
It makes learning
a language fun and fast.

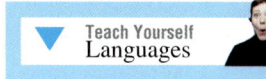

Quick
It makes learning
a language fun and fast.

안부가 궁금하구나~!

낯선 나라에 도착해서 가장 막막할 때가 공항에 들어선 순간이 아닐까요? 그런 막막한 순간에 자신을 마중하러 나온 사람이 있다면 더없이 반갑겠지요. 그런데 여러분을 마중 나온 사람에게 '안녕하세요!' 만이라... 글쎄... 좀 썰렁하지요? 그렇다면 상대방의 '안녕하세요!' 를 듣자마자 민첩하게 안부를 물어보세요.

Apa kabar?

[아빠 까바르?] 어떻게 지내세요?

영어의 **How are you?**와 같은 표현으로 굳이 해석하자면 '어떻게 지내세요?'에 해당하는 안부 인사이지만, 처음 만난 사람과도 나눌 수 있는 거의 '안녕하세요.' 에 가까운 그야말로 자연스러운 일상의 인사말입니다. **Apa**는 의문사로 '무엇' 이고 **kabar**는 '소식' 이라는 의미를 가지고 있습니다. 그러니 소식이 뭐? 다시 말해 소식이 어떠냐는 안부 인사가 되는 것이지요. 자, 여러분의 인사에 상대방이 웃으며 답하는군요. 바로 이렇게요!

Baik, terima kasih.

[바익, 뜨리마 까시.] 잘 지냅니다.

감 잡으셨지요? 바로 영어의 **Fine, thank you.**입니다. **Apa kabar?**에 대한 가장 무난한 대답입니다만, 사실 안부 인사에 대한 대답은 다양하답니다.

baik을 두 번 써서 **Baik-baik, terima kasih.** [바익-바익, 뜨리마 까시.], **Baik-baik saja, terima kasih.** [바익-바익 사자, 뜨리마 까시.] 모두 잘 지낸다는 말이니 어느 것을 쓰셔도 무방합니다.

고마워~!

위의 **Baik, terima kasih.**에서 **baik** [바익]이 **fine**, 즉 '좋아요'를 뜻한다면, **terima kasih** [뜨리마 까시]는? 바로 '고맙습니다' 이겠지요. '고마워.' 바로 **Terima kasih.**예요. '정말 고마워.'도 알면 좋겠지요. 그럴 땐 **Terima kasih banyak.** [뜨리마 까시 바냑.]이라 하시면 됩니다. **banyak**은 '많은, 많이'라는 뜻의 단어이지요. 친한 사이라면 **Terima kasih.**를 확 줄여서 **Makasih!** [마까시!]라고도 합니다.

Terima kasih.
[뜨리마 까시.] 고맙습니다.

Terima kasih banyak.
[뜨리마 까시 바냑.] 정말 고맙습니다.

Makasih!
[마까시!] 고마워!

와! 벌써 인사에, 안부에, 게다가 감사까지... 그야말로 '한큐'에 끝내셨군요. 열심히 인사하다 보니 벌써 이번 과에서 헤어져야 할 시간이 왔네요. 의욕에 가득 찬 여러분과 싱겁게 헤어질 수는 없지요. 다시 만날 때까지 안녕! **Sampai jumpa lagi!** [삼빠이 줌빠 라기!]

Sampai jumpa lagi!

[삼빠이 줌빠 라기!] 다시 만나, 안녕!

위의 인사를 해부해보면 각각의 단어의 뜻이 이렇습니다. **sampai** [삼빠이]는 ~까지, **jumpa** [줌빠]는 만나다, **lagi** [라기]는 다시. 연결해보니 '다시 만날 때 까지' 라는 의미가 되지요. 그래서 헤어질 때 하는 인사말이 되는 것입니다.

 **Quick** It makes learning a language fun and fast.

예쁜 대답, 천만에요!

Terima kasih. 만 알려드리고 나니 영 마음이 개운치 않아 덧붙입니다.
예의 바른 우리가 '감사합니다.' 만 덩그러니 배우다니...
여러분도 개운치 않으셨다고요? 이심전심이군요. (··)
상대방이 **Terima kasih.** 라고 할 때 여러분은 뭐라고 하셔야 하겠습니까?
'천만에요.' 라는 예쁜 대답을 해야겠지요.
인도네시아어의 '천만에요.' 는 **Sama-sama.** [사마 사마.]라 합니다.
또 **Kembali.** [끔발리.]라는 말도 함께 쓰이지요.
Terima kasih. 와 **Sama-sama.** 참 어울리는 짝꿍입니다.

Sama-sama.

[사마-사마.] 천만에요.

Kembali.

[끔발리.] 천만에요.

Sama-sama.

006

나, 당신 그리고 우리…
서로를 조금씩 알아가요.
Saya, Anda & Kita…

[사야, 안다 단 끼따...]

인칭대명사와 호칭

이제부터는 인도네시아 친구들과 서로를 조금씩 알아가는 시간입니다.
여러분이 인도네시아어를 알아가는 것처럼 말이지요.
자, 그렇다면 서로를 알아갈 때 그야말로 필수 표현이라 할 수 있는
호칭에 대해서 알아보도록 하겠습니다.

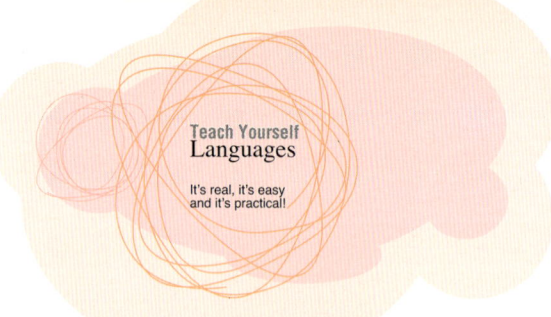

제일 소중한 '나'

세상 모든 언어에서 절대 피해갈 수 없는 말,
바로 가장 중요한 '나'라는 말이 아닐까요?
누구를 만나든지 인사를 제외하고는 '나'라는 말로 시작이 되지요.

인도네시아어에서 1인칭인 '나'를 나타내는 말은 **saya** [사야]와 **aku** [아꾸]가
있습니다. **saya**는 1인칭에 대한 보편적인 인칭대명사이고 **aku**는 친한 사이,
나보다 나이가 어리거나 지위가 낮은 사람 앞에서 사용할 수 있는 1인칭 대명
사입니다. 우리말로 가리자면 **saya**가 '저'이고, **aku**는 반말로 '나'인 셈이라
할까요. 2인칭의 '너'역시 **Anda** [안다]와 **kamu** [까무]가 있습니다. **Anda**는
saya와 짝꿍이고, **kamu**는 **aku**와 짝꿍인 것이지요. 그렇게 보면 **Anda**는 '당
신'이고 **kamu**는 반말로 '너'라는 말로 이해할 수 있겠으나, 현지인에게 있어
Anda와 **kamu**의 구별은 곧 친밀함의 정도에 달려 있다고 합니다. 즉, 나이의
많고 적음, 지위 고하를 떠나 친한 사이에는 **aku, kamu**를 사용합니다.

아! 그리고 표기할 때에 **Anda**는 문장의 첫 시작이 아니라도 항상 대문자로 시
작한다는 것을 기억해주세요. 그리고 3인칭인 '그'또는 '그녀'를 말할 때는
남자, 여자 구별 없이 **dia** [디아]를 사용합니다. 3인칭에서는 특별하게 '그분'
에 해당하는 **beliau** [블리아우]가 있습니다. 사회적 지위가 높거나 연장자를
위해 쓰는 말이지요. 자, 그럼 정리해 볼까요?

 **Easy**
It makes learning
a language fun and fast.

 **Fun**
It makes learning
a language fun and fast.

 **Quick**
It makes learning
a language fun and fast.

Teach Yourself
Languages
It's real, it's easy
and it's practical!

A Self Teaching Guide

1인칭	**saya** [사야] 저	**aku** [아꾸] 나
2인칭	**Anda** [안다] 당신	**kamu** [까무] 너
3인칭	**dia** [디아] 그/그녀	**beliau** [블리아우] 그분

Teach Yourself
Languages

우리, 너희들, 그들!

인도네시아어에서 복수인 '우리' 를 말할 때는 우리말에서의 표현과는 약간 차이가 있습니다. 인도네시아어로 '우리' 는 kita [끼따] 와 kami [까미] 두 가지 가 있습니다. kita는 말하는 사람과 듣는 사람을 모두 포함한 '우리' 를 말하는 것이고, kami는 듣는 사람을 제외하여 말하는 사람만인 '우리' 를 칭할 때 사용합니다. 예를 들어 여럿이 모인 자리에서 '우리 열심히 공부합시다.' 라고 할 때는 예외 없이 모두를 포함하는 것이니 kita를 쓰는데, 그 자리가 인도네시아 사람들과 함께 모인 자리이고 '우리들은 한국 사람입니다.' 라고 소개를 할 때 는 인도네시아 사람을 제외한 한국 사람들만의 '우리' 라는 표현을 하고자 함 이니 주어를 kami를 써야 한다는 것이지요.

▼ Teach Yourself **Languages**

2인칭 복수에 해당하는 표현은 앞에서 배운 2인칭 단수 뒤에 **sekalian** [스깔리앤]을 덧붙이면 됩니다. 즉, '당신들' 은 **Anda sekalian** [안다 스깔리앤]이고 '너희들' 은 **kamu sekalian** [까무 스깔리앤]이지요. 3인칭 복수인 '그들' 은 **mereka** [머레까]라고 합니다. 자! 그러면 정리합시다.

1인칭 **kita**

[끼따] 우리 (청자를 포함한)

kami

[까미] 우리 (청자를 제외한)

2인칭 **Anda sekalian**

[안다 스깔리안] 당신들

kamu sekalian

[까무 스깔리안] 너희들

3인칭 **mereka**

[머레까] 그들

변하지 않아요, 우리는~

말씀드린 대로 인도네시아어의 인칭대명사는 주격, 소유격, 목적격에 따라 형태가 변하지 않습니다. 그럼 어떻게 구분 하냐고요?

 **Easy** It makes learning a language fun and fast.

 **Fun** It makes learning a language fun and fast.

 **Quick** It makes learning a language fun and fast.

문장의 주어 자리에 있으면 주격이고
목적어 자리에 있으면 목적격,
명사 뒤에 있으면 소유격이지요.

이렇게 해서 인칭대명사를 모두 마쳤는데요, 대화 중에 '나는', '너는' 만 사용할 수는 없지요. 친한 친구가 아니면 상대방을 이름만으로 부를 수도 없는 일이고요. 앞에서 말씀드렸던 대로 영어의 'you' 는 상대방의 지위나 나이에 상관없이 보편적으로 쓸 수 있는 말인 반면, 인도네시아어에서는 2인칭 대명사 **Anda**가 꼭 그렇지만은 않습니다. **Anda**가 '당신' 이라는 의미이지만, 인도네시아 사람들은 대화 중에 자신보다 지위가 높은 사람이나 연장자에게 **Anda**를 사용하지 않는답니다. 우리말도 그렇지 않나요? 나이가 많은 상대방에게 '당신이', '당신은' 이라고 하지는 않지요. **Anda**는 오히려 나이가 많고 지위가 높은 사람이 자신보다 나이가 어리거나 지위가 낮은 사람에게 예의를 갖추고자 할 때 사용하는 2인칭대명사입니다. 거꾸로 사용하면 실례가 된다는 것을 꼭 알아두세요. 자, 그럼 어떤 호칭을 사용하는 것이 예의 바른 표현이 되는지 알려 드릴께요.

누구누구 선생님...

인도네시아어로 **Bapak** [바빡] 혹은 **Pak** [빡]은 영어의 **Mr**에 해당하는 호칭이고요, **Ibu** [이부] 또는 줄여서 **Bu** [부]는 영어의 **Mrs**에 해당하는 표현입니다. '아버지' 라는 뜻의 **Bapak** [바빡]과 이를 줄인 말인 **Pak** [빡]은 남성에 대한 호칭으로 사용하는 것이고, **Ibu** [이부]는 원래 '어머니' 라는 뜻의 단어인데 마찬가지로 여성에 대한 호칭으로 사용합니다.

그러니 사람의 이름 앞이나 호칭으로
사용되고 있지 않을 때에는 각각 아버지,
어머니라는 의미로 사용된 것으로 볼 수 있습니다.

따라서 '김 선생님'이라고 부를 때는 **Pak Kim** [빡 김]이고, '이 여사' 할 때는
Ibu Lee [이부 리]이지요. 인도네시아 사람의 이름으로도 해볼까요?

Pak Yanto [빡 얀또]하면 '얀또 씨'이고, **Ibu Yanti** [이부 얀띠]하면 '얀띠 부
인'이 되겠습니다. 또한, 결혼을 하지 않은 여성에게는 보통 **Nona** [노나]를 씁
니다. 이와 어울려서 결혼한 여자에게는 **Nyonya** [뇨냐]를 쓰기도 하고요.

그런데 요즘 트랜드는 외국인에 대해서는 남성의 경우에 영어의 **Mr**를 그냥 사
용하는 것입니다. 발음을 인도네시아어 식으로 할 뿐이지요. 혀를 굴려서 발음
하는 r 전동음을 잘 기억하고 계신가요? **Mr**를 인도네시아 사람들은 [미스떠르]
라고 발음합니다.

다시 해보겠습니다. 김 선생님은 **Mr. Kim** [미스떠르 김]이라 부르는 것이 바
로 트랜디 인도네시아어 되겠습니다. (·0·)

언니야, 여기 삼겹살~!

'언니야~!' '언니야, 여기 삼겹살 하나 더~'
음식점에서 여종업원을 부를 때 흔히 하는 말이지요.
이렇게 식당이나 가게의 여자 종업원을 부를 때는 **Mbak** [음
박]이라고 합니다. 남자종업원을 부를 때는 **Mas** [마스] 즉,
'오빠야~' 라고 하고요. 한국에서는 젊은 부부간에 남편을
오빠라 부르기도 하지요? 학교에서도 마찬가지로 여학생이
친한 남자 선배를 오빠라 부르기도 하고요. 인도네시아에서
도 이처럼 친한 사이에는 여자가 남자를 **mas**라는 호칭으로
부르기도 합니다. **mbak** [음박]과 **mas** [마스]는 격의 없는 친
근한 호칭이지만, 아무 때고 사용하면 곤란합니다.
인도네시아에 여행을 가서 길을 물어볼 때 아무나 잡고 '오
빠야, 언니야~' 하면 인도네시아 사람이 이상하게 보지 않겠
어요? 그럴 때는 **Pak** [빡] (선생님), **ibu** [이부] (부인)처럼 공
손한 표현을 사용하시는 것이 좋습니다. 물론 기념품 가게에
가서 맘에 드는 물건이 있을 때에는 '**Mbak**, 언니 깎아 줘용
~! 이라고 해도 되지용 ~! 한가지 더! **mas**와 **mbak**은 사람의
이름 앞에는 붙여 쓰지 않습니다. 그냥 부르는 호칭으로만
사용하세요.

Mas!

Take the Pleasure of Learning!
It makes learning a language fun and fast.

007
난 한국 사람! 넌 인도네시아 사람!
Aku orang Korea.
Kamu orang Indonesia.

[아꾸 오랑 꼬레아. 까무 오랑 인도네시아]
어순과 문장의 기본 형식

 Easy
It makes learning
a language fun and fast.

Fun
It makes learning
a language fun and fast.

 Quick
It makes learning
a language fun and fast.

지구를 지키는 용감하고 멋진 사나이, 슈퍼맨!
그런데 어머나! 세상을 구하느라 이리 뛰고 저리 뛰고...
얼마나 급하게 나왔길래 글쎄 민망하게도 속옷을 겉에 입고 뛰어나와 버렸네요. (^L^;)
아무리 멋진 사람이라 해도 옷을 순서에 맞게 입어야 맵시가 나는 것처럼
언어 역시 그렇습니다. 어순에 맞는 올바른 문장으로 말하면 아주 맵시가 나지요.
자, 그럼 쉽고 재미있는 인도네시아어 어순! 시작해보시죠.

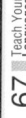 Teach Yourself **Languages**

Take the Pleasure of Learning! It makes learning a language fun and fast.

친구를 번거롭게 하지 마세요!

인도네시아어는 기본 문법이 복잡하지 않아서 단어를 몇 개 알게 되면, 바로 단순한 문형을 만들 수 있을 뿐만 아니라 기초 회화가 가능합니다. 여러분이 알고 있는 단어만 나열해도 눈치가 빠른 인도네시아 사람이라면 여러분의 말을 다 알아들을 수 있지요. 어쩌면 '와! 인도네시아어 잘 하시네요.' 라는 칭찬으로 여러분의 어깨를 으쓱거리게 해줄지도 모르고요. 하지만 뒤돌아서는 어떤 표정을 지을까요? 사람은 자신이 하는 말에 따라 대접을 받는 것이라 생각합니다. 어법에 맞는 바른말을 하는 사람은 그에 맞는 바른 대접을 받지요.

인도네시아어로 어법에 맞는 바른말을 하는 첫걸음은 어순을 지키는 일입니다. 여러분이 알고 있는 단어들을 그저 나열만 해서 말을 하게 되면 여러분의 대화 상대방은 그 단어들을 먼저 제자리로 돌린 다음에 해석을 해야 하는 번거로움을 가지게 됩니다. 사랑하는 친구를 위해 번거로움 정도야 감수할 수 있지요. 그렇지만, 의미가 제대로 전달이 되지 않거나 서로 오해가 생긴다면? 그건 좀 곤란하겠지요.

인도네시아어가 얼마나 쉽고 재미있는지를 자랑하면서 제가 인도네시아어로 아주 간단한 문장을 소개한 적이 있습니다. 바로 **Ini kopi.** [이니 꼬삐.]와 **Itu teh.** [이뚜 떼.] '이것은 커피입니다.' , '저것은 차입니다.' 라는 문장으로서, 문법적으로 전혀 흠 잡을 수 없는 완벽한 문장이라 했지요. 그런데 단어의 순서를 바꾸어 **Kopi ini, teh itu**로 하게 되면? 이때에는 '이 커피' 그리고 '저 차' 라는 의미가 됩니다. 즉, 지시사 '이것' 과 '저것' 에 해당하는 **ini** [이니]와 **itu** [이뚜]를 명사 뒤에 쓰게 되면 '이' 그리고 '저' 의 의미가 되는 것이지요.

Easy
It makes learning
a language fun and fast.

Fun
It makes learning
a language fun and fast.

Quick
It makes learning
a language fun and fast.

자, 벌써 감 잡으셨다고요? 바로 그거에요.
우리말은 꾸며주는 말을 꾸밈을 받는 말 앞에
쓰지만 인도네시아어에서는 뒤에서 꾸며주는
방식으로 해야 합니다. 인도네시아어의 어순에서
유의해야 할 점은 바로 낱말의 수식관계이며, '후위수식'이 어순의 가장 기본
이랍니다. (**ini** [이니] 이것, **itu** [이뚜] 저것, **kopi** [꼬삐] 커피, **teh** [떼] 차)

Ini kopi.
[이니 꼬삐.] 이것은 커피입니다.

Itu teh.
[이뚜 떼.] 저것은 차입니다.

Kopi ini
[꼬삐 이니] 이 커피

Teh itu
[떼 이뚜] 저 차

명사와 명사의 나열도 마찬가지에요. 예를 들어 인도네시아어의 예쁜 이름,
'바하사 인도네시아'를 볼까요? '언어'를 의미하는 **Bahasa** [바하사]를 앞에
쓰고 뒤에 인도네시아를 써서 **Bahasa Indonesia** [바하사 인도네시아], 우리
말로 '인도네시아어'가 되는 것이랍니다.

Bahasa Indonesia
[바하사 인도네시아] 인도네시아어

우리말과 정반대이지요. 따라서 인도네시아어를 할 때에는 하고자 하는 표현
에 대한 수식어를 우리말로 생각해 놓고 거꾸로 순서대로 쓰셔야 합니다. 그럼
'저 키 크고 아름다운 푸른 옷을 입은 여인'은 어떻게 쓸까요? 헐!! 농담이에요.
ㅋㅋ 너무 긴장하지는 마시고, 그냥 기억해주세요, '끝에서부터 순서대로'라
는 것을요.

be동사를 생략하자!

인도네시아어의 간단한 문장에선 영어의 **be**동사에 해당하는 동사를 생략하는 것이 특징이라 했지요. 따라서 '나는 한국인입니다.' 라는 말을 할 때 '나' 와 '한국인' 만을 쓰고 '~이다'에 해당하는 동사는 회화체에서는 보통 쓰지 않아요. 그럼에도 '나는 한국 사람입니다.' 라는 표현이 완성되니 얼마나 쉬운가요? '나'는 **saya** [사야]이지요. 그럼 한국인은 어떻게 말할까요? 바로 **orang Korea** [오랑 꼬레아]이지요. 오랑우탄의 **orang** [오랑], 즉 '사람' 이라는 단어를 쓰고 그 뒤에 한국을 쓰면 되는 거 다 아시죠?

Saya orang Korea.
[사야 오랑 꼬레아.] 나는 한국인입니다.

그렇다면 '당신은 인도네시아인입니다.' 도 가능하겠지요?

Anda orang Indonesia.
[안다 오랑 인도네시아.] 당신은 인도네시아인입니다.

Saya orang Korea dan Anda orang Indonesia.
[사야 오랑 꼬레아 단 안다 오랑 인도네시아.]
나는 한국인이고 당신은 인도네시아인입니다.

인도네시아어로 '그리고' 를 **dan** [단]이라 합니다.
영어의 **and**와 순서만 다르군요. 그렇다면 벌써 외워지네요. (·0·)
이로써 여러분은 인도네시아어로 된 단문과 복문을 정복하셨습니다.

 Easy
It makes learning
a language fun and fast.

 Fun
It makes learning
a language fun and fast.

 Quick
It makes learning
a language fun and fast.

Teach Yourself
Languages

It's real, it's easy and it's practical!

나는 먹어요. 밥을

인도네시아어로 문장 만들기의 기본은
'주어 + 서술어 + 목적어' 입니다.
'나는 밥을 먹어요.' 라는 문장을 만들기 위해서는 문장의 순서가 '주어, 서술
어, 목적어' 순이니 '나는 + 먹어요 + 밥을' 의 순서로 쓰시면 됩니다.
'나' 는 **saya** [사야]이고 '먹다' 는 **makan** [마깐], '밥' 은 **nasi** [나시]입니다.
우리와 마찬가지로 인도네시아 사람도 '나시' , 바로 밥의 힘으로 산답니다.

인도네시아에서는 심지어 맥도날드나 **KFC**에 가서도 공깃밥을 주문할 수 있
어요. 인도네시아에서는 손을 사용해서 음식을 먹는 경우가 많은데, **KFC**에서
닭튀김과 밥을 손으로 꽁꽁 뭉쳐서 먹는 것도 참 색다르고 맛있게 느껴진답니
다. 자, 나는 밥을 먹어요. 해볼까요?

Saya makan nasi.
[사야 마깐 나시.] 나는 밥을 먹습니다.

밥은 별로라고요? 그럼 빵을 먹지요, 뭐. 인도네시아어로 빵은 **roti** [로띠]입니
다. 이번엔 좀 더 친근한 표현인 **aku**를 사용해 볼까요?

Aku makan roti.
[아꾸 마깐 로띠.] 나는 빵을 먹어.

밥과 빵만 먹고는 살 수 없습니다. 뭘 좀 마셔야지요. '우리는 커피를 마셔요.'로 해볼까요? '우리' 는 일단 모두 포함하는 우리로 **kita** [끼따]를 쓰고, '마시다' 는 **minum** [미눔], 그리고 '커피' 는 **kopi** [꼬삐].

Kita minum kopi.
[끼따 미눔 꼬삐.] 우리는 커피를 마십니다.

오라~! 마시는 분위기이군요. 그러면 이번엔 물도 마셔보아요. 물은 인도네시아어로 **air** [아이르]예요. 아이르, 영어의 공기(**air**)와 철자가 똑같지요? 인도네시아에서는 거지도 물은 사먹습니다. 그만큼 물이 좋지 않다는 것을 의미하지요. 여러분도 인도네시아에서는 아무리 목이 마르시더라도 반드시 아이르, 물은 사 드셔야 합니다. 혹 이삼일 만에 몇 킬로가 쭉 빠지는 다이어트를 원하는게 아니라면요. 자, 잊지 마세요. 수돗물은 절대 안 됩니다. 물은 사서 마십시다.

Kita minum air.
[끼따 미눔 아이르.] 우리는 물을 마십니다.

이렇게 해서 나는 밥을 먹고, 우리는 커피를 마시고 물도 마시게 되었습니다. 휴~ 금강산도 식후경이라는데, 우리 배도 채우고 목도 축이고 나서 공부를 계속하도록 하지요. 그럼 **Selamat makan!** [슬라맛 마깐!] 맛있게 드세요~!

Easy
It makes learning
a language fun and fast.

Fun
It makes learning
a language fun and fast.

Quick
It makes learning
a language fun and fast.

맛있게 드세요!

It's real, it's easy and it's practical!

좀 전에 제가 했던 인사말을 다시 봐주세요. **Selamat makan!** [슬라맛 마깐!] 맛있게 드시라는 인사를 했지요. 제가 알려드린 '안녕하세요.' 즉, **Selamat pagi.**(아침 인사), **Selamat siang.**(점심 인사), **Selamat sore.**(오후 인사), **Selamat malam.**(밤 인사)에 나온 **Selamat**이 또 나왔지요? 환영의 인사도 '오다' 라는 동사, **datang** [다땅]을 넣어 **Selamat datang.** [슬라맛 다땅.]이라 하면 '환영합니다.' 이였고요. 이처럼 인도네시아어의 거의 모든 인사는 **Selamat**으로 시작한답니다. 각종 축하 인사도 마찬가지에요. 생일 축하 인사 도 **Selamat hari ulang tahun.** [슬라맛 하리 울랑 따운.], 새해 인사도 **Selamat tahun baru.** [슬라맛 따운 바루.]입니다. 에구, 갑자기 새로운 단어로 문장이 길어져 머리가 아프신가요? 그럼 일단 이것만 기억해두세요. 뭐든 축하 할 일이 생기면 무조건 '슬라맛' 하면서 악수를 하시면 됩니다. 더불어 끝에 **ya**[야]를 붙여보세요. 축하 인사가 애교무드로 화악 바뀝니다. (*‥*) (**selamat** [슬라맛] 안전한, **makan** [마깐] 먹다, **hari ulang tahun** [하리 울랑 따운] 생 일, **tahun baru** [따운 바루] 새해)

Selamat makan.
[슬라맛 마깐.] 맛있게 드세요.

Selamat hari ulang tahun.
[슬라맛 하리 울랑 따운.] 생일 축하해요.

Selamat tahun baru.
[슬라맛 따운 바루.] 새해 복 많이 받으세요.

Selamat!
[슬라맛!] 축하해!

Easy
It makes learning
a language fun and fast.

Fun
It makes learning
a language fun and fast.

Quick
It makes learning
a language fun and fast.

Apa ini?
Ini bajaj.

008

008

이건 뭐니?
이건 바자이야.

Apa ini? Ini bajaj.

[아빠 이니? 이니 바자이.]
의문사 (1), 명사 (1) 사물 묻고 답하기

한 과 한 과 지나면서 슬슬 궁금한 것들이 생기신다고요?
역시 열심히 따라오고 계시군요. 그렇다면 어떤 것이 궁금하셨나요?
이것이요? 아님, 저것이요?
자자~! 서두르지 마시고 한 분씩 손들고 제게 질문해 주시겠어요?
그럼, 지금부터 그동안 궁금했던 것들에 대해 묻고 대답해보도록 해요.

Apa ini?
Ini bajaj.

이건 뭐야~! 또 저건 뭐고?

공항을 떠나 밖으로 나오면 정말로 인도네시아에 도착했다는 것이 실감이 나지요. 후덥지근한 날씨며 인도네시아 사람들이 즐겨 피우는 담배의 독특한 냄새, 그리고 달력 속에서만 보았던 야자수가 길가에 버젓이 서있는 모습... 이국적이고 새로운 것들이 여러분의 눈 앞에 펼쳐질 텐데요. 얼마나 속으로 궁금하시겠어요. 과연 저게 뭘까? 자, 주저하지 마시고 물어보세요. 바로 이렇게요!

Apa ini?
[아빠 이니?] 이것은 무엇입니까?

Apa itu?
[아빠 이뚜?] 저것은 무엇입니까?

 Easy
It makes learning
a language fun and fast.

 **Fun**
It makes learning
a language fun and fast.

 **Quick**
It makes learning
a language fun and fast.

안 가르쳐 드려도 끝을 올려 읽고 계신가요? ·_·?

인도네시아어에서는 영어에서와 같이 액센트에 신경을 쓸 필요가 없습니다. 문장에서도 역시 본인이 특별히 강조하고자 하는 단어를 세게 읽으면 되는 것이지 따로 강세는 없습니다. 의문문이야 거의 모든 언어의 공통사항 아니겠습니까? 문장의 끝을 올려 읽으면 되는 것이지요.

앞의 의문문을 읽어보신 여러분은 벌써 감을 잡았을 것입니다.

apa [아빠]는 영어의 **what**에 해당하는 의문사이지, '아빠, 엄마' 할 때 아빠가 아닙니다. (··;) **ini** [이니]와 **itu** [이뚜]는 각각 영어의 **this**와 **that**에 해당하는 지시대명사이고요.

말씀드린 대로 간단한 문장에서 '~이다'에 해당하는 동사는 생략이 된다고 했습니다. 그러니 우리말로는 '이건 뭐? 저건 뭐?' 하는 셈이 되지요. 얼마나 간단합니까? 쉽고 재미있는 인도네시아어가 딱 맞습니다.

아, 오토바이를 변형시켜 만든 삼륜차가 궁금하셨군요. 우리에게는 낯설지만 인도나 동남아시아에 가면 흔히 볼 수 있는 삼륜차이지요. 인도네시아에서는 '바자이'라고 부른답니다. 철자와는 약간 다른 발음이지요?

Itu bajaj.

[이뚜 바자이] 저것은 바자이입니다.

인도네시아는 대중 교통수단이 발달하지 않았습니다. 버스의 상태도 좋지 않을 뿐만 아니라 노선도 복잡하고, 또 무엇보다 안전하지 않기 때문에 외국인들은 보통 택시만을 타고 다닙니다. 그렇다고 길 앞 슈퍼에 가면서 택시를 탈 순 없지요. 그럴 때는 보통 이 바자이를 애용합니다. 복잡한 자카르타 시내를 제외하고는 어디를 가든지 길 한편에 바자이가 줄지어 있으므로, 가까운 거리를 가기에 편리한 교통수단이지요. 하지만 매연이 가득한 자카르타 시내 한복판에서 바자이를 자주 이용하시는 건 '비추' 랍니다. 자카르타에 방문하신다면 기념으로 한두 번 정도 이용해 보시는 것은 좋을듯하네요. 아, 보통 타기 전에 가격을 흥정한다는 거 잊지 마시고요.

Itu bajaj. 저건 바자이에요. 간단한 대답이지요. 더 간단한 건 **ini**와 **itu**가 복수를 가리킬 때에도 변하지 않는다는 것이에요. 즉, 줄지어 있는 바자이들을 가리키며 물을 때, '이것들 혹은 저것들은 다 뭣이여?' 할 때에도 **Apa ini? Apa itu?**라고 합니다. **ini**와 **itu**는 이처럼 복수형이 따로 없어서 단수, 복수 명사와 함께 변함 없이 쓰이고요, 꼭 사물만을 칭할 뿐만 아니라 이 사람, 저 사람을 지시할 때도 쓰입니다. 바로 이럴 때 말이죠.
(**siapa** [시아빠] 누구, **guru** [구루] 선생)

Siapa ini?
[시아빠 이니?] 이 사람은 누구입니까?

Ini guru.
[이니 구루.] 이 사람은 선생님입니다.

Easy
It makes learning
a language fun and fast.

Fun
It makes learning
a language fun and fast.

Quick
It makes learning
a language fun and fast.

It makes learning
a language fun and fast.

'누구' 와 '무엇' 에 해당하는 **siapa**와 **apa**는 매우 기본적인 의문사입니다. 재미있는 건, 인도네시아어에서는 모든 의문사가 반드시 문장의 맨 앞에 와야 하는 것은 아니라는 것입니다. 즉, '이것은 무엇입니까?' 라는 질문을 할 때에 **Apa ini?**와 **Ini apa?** 둘 중 어떻게 물어도 문법적으로 전혀 하자가 없습니다. **Siapa itu?**나 **Itu siapa?**도 마찬가지이고요. 편하신 걸로 물으세요. 그리고 인도네시아어의 의문사에는 **apa**가 들어간 것이 많답니다. 나머지 의문사는 나중에 천천히 가르쳐 드릴게요. 일단은 이 두 가지의 의문사를 가지고 다른 명사로도 연습을 해볼까요?

(**sepatu** [스빠뚜] 신발, **tas** [따스] 가방, **teman** [뜨만] 친구, **pacar** [빠짜르] 애인)

Apa ini?
[아빠 이니?] 이건 뭐니?

Ini sepatu.
[이니 스빠뚜.] 이건 신발이야.

Itu apa?
[이뚜 아빠?] 저건 뭐니?

Itu tas.
[이뚜 따스.] 저건 가방이야.

Ini siapa?
[이니 시아빠?] 앤 누구니?

Ini teman.
[이니 뜨만.] 앤 친구야.

79 | Teach Yourself Languages

Siapa itu?
[시아빠 이뚜?] 쟨 누구니?

Itu pacar.
[이뚜 빠짜르.] 쟨 애인이지.

애인문제가 나왔으니 소유(?)를 분명히 해야지요. 예쁜 그녀, '내' 애인이라고 못 박아 말해줘야 합니다. 자, '얘는 내 애인이야.' 어떻게 말할까요?

내 애인, 완소녀!

말씀드린 대로 인도네시아어의 인칭대명사는 격변화가 없습니다.
단어는 변하지 않고 대신 문장 내에서 위치가 달라질 뿐이지요.
소유격의 경우에는 소유를 나타내고자 하는 명사 뒤에 인칭대명사를 쓰시면
됩니다. 각각의 인칭대명사를 가지고 연습을 해볼까요?
인도네시아어로 집은 **rumah** [루마]라 합니다.

rumah saya
[루마 사야] 나의 집

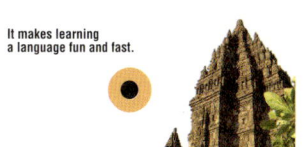

rumah Anda
[루마 안다] 당신의 집

rumah kami
[루마 까미] 우리 집

그런데, 인칭대명사 중에 소유격일 때에만 모습이 바뀌는 경우도 있습니다. 그런 배신자들은 1인칭의 **aku**, **kamu**, 3인칭의 **dia**입니다. 배신자를 '응징' 하기 위해 잘 외워둡시다. (별 응징이 다 있군요!) '내 집' 의 **rumah aku**는 **aku**의 **a**를 빼고 앞 단어에 바짝 붙여서 **rumahku** [루마꾸], '네 집' 의 **rumah kamu**는 **kamu**의 **ka**를 빼고 역시 바짝 붙여서 **rumahmu** [루마무]라 합니다. 3인칭의 **dia**는 아예 모습을 바꾸어 **-nya**를 앞 단어에 붙여 씁니다. 그래서 '그녀의 집, 그의 집' 모두 **rumahnya** [루마냐]라고 씁니다.
자, 그럼 애인의 소유 문제를 다시 해볼까요?

Ini pacar saya.
[이니 빠짜르 사야.] 얜 내 애인이야.

Ini pacarku.
[이니 빠짜르꾸.] 얜 내 애인이야.

Itu pacarmu.
[이뚜 빠짜르무.] 쟤가 너의 애인이지.

009

내 이름은 얀또야.
네 이름은 뭐니?
Nama saya Yanto.
Siapa namamu?
[나마 사야 얀또. 시아빠 나마무?]
소개하기

지금까지의 인도네시아어 실력을 드디어 발휘할 때가 왔습니다.
자신감 있게 집을 나서세요. 그리고 이웃에 사는 인도네시아 사람을
만나 여러분을 소개해 주세요. '난 한국에서 온 킹왕짱이라고 해요.' 라고요. (^^0^^)
그러면서 만나는 모든 인도네시아 친구들에게 마구마구 이름을 물어봐 주세요.

 Easy
It makes learning
a language fun and fast.

 Fun
It makes learning
a language fun and fast.

 Quick
It makes learning
a language fun and fast.

Take the Pleasure of Learning! It makes learning a language fun and fast.

 **Fun**
It makes learning
a language fun and fast.

내 이름은 킹왕짱

Teach Yourself Languages

자신에 대한 소개라 하면 보통 이름을 제일 먼저 소개하지요.
인도네시아어로 이름은 **nama** [나마]입니다. (영어의 **name**과 철자가 비슷하
지요?) 그러니 '내 이름' 은 **Nama saya** [나마 사야]겠지요. 여러분의 이름을
큰 소리로 말해 주세요. 제가 있는 인도네시아에서도 들리도록요.

Nama saya ~.

[나마 사야 ~.] 내 이름은 ~입니다.

인도네시아 사람의 이름이 두세 글자라 해서 앞이 이름이고
뒤가 성이라는 법은 없습니다. 특히 자바인은 성이 없습니다.
예를 들어 이름을 물어보았더니 **Nama saya Sapardi Djoko Damono.** [나마
사야 사빠르디 조꼬 다모노.](제 이름은 사빠르디 조꼬 다모노라고 합니다.)라
고 하는군요. 보통 외국사람의 경우 성이 뒤에 있으므로 **Mr. Damono?** 그렇
지는 않습니다. 이 경우 셋 다 이름이며 보통 셋 중 맨 앞의 것을 이름으로 부
르는 경우가 많습니다. 상대방에게 이름 석 자 중 어느 것을 이름으로 부르는
것이 좋겠냐고 물어보면 더 좋겠지요.

 **Easy**
It makes learning
a language fun and fast.

 **Fun**
It makes learning
a language fun and fast.

 **Quick**
It makes learning
a language fun and fast.

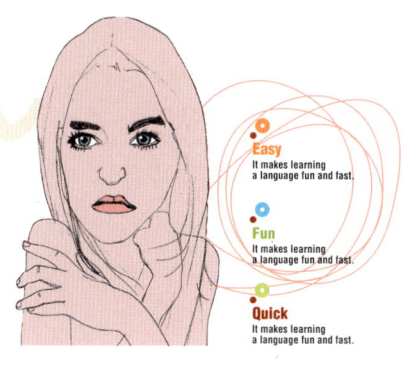

외국인들끼리 통성명을 할 경우
한 번에 이름을 척 하니 알아 듣는 경우는
별로 없지요. 우리도 마찬가지겠지만,
인도네시아 현지인에게 우리나라 사람의
이름은 듣고 바로 기억하기가 어렵습니다.
인도네시아 사람에게 이름을 소개했더니 뒤는 뚝 자르고 성을 이름처럼 부르
는 일이 많답니다. 김, 이, 박... 이렇게요. 그래서 보통 인도네시아 사람에게 자
신의 이름을 말할 때, 덧붙여 성을 다시 말해주는 센스를 발휘해보세요. '제 성
이 ~입니다.' 라고요. 여러분의 이름이 오래오래 기억에 남을 거에요.
자, 인도네시아어로 '성' 은 **marga** [마르가]라고 합니다.

Marga saya Kim.

[마르가 사야 김.] 제 성은 김입니다.

 **Easy**
It makes learning
a language fun and fast.

당신의 이름은 완소남? ·__·;

상대방의 이름도 물어봐 주면 좋겠지요? '이름이 뭐니?' 영어에서는 이름을 물
어볼 때 '무엇' 에 해당하는 의문사 **what**을 사용하지만 인도네시아로 사람의
이름을 물어볼 때는 '누구' 에 해당하는 의문사, **siapa** [시아빠]를 사용합니다.
인도네시아어를 하는 기분 좋은 상황에서 이름을 물어볼 때 **siapa**를 사용하
지 않고 **apa**를 사용하면 분위기가 금방 살벌해질 수 있으니 주의해주세요. 실
제로 인니어 초급단계에서 가장 많이 실수하는 부분이랍니다. 자, 상대방의 이
름을 물을 때에서는 보통 **Siapa nama Anda?**라고 묻습니다. 제게 물어봐 주
시겠어요?

(**siapa** [시아빠] 누구/누가, **nama** [나마] 이름, **Anda** [안다] 당신)

Siapa nama Anda?

[시아빠 나마 안다?] 당신의 이름은 무엇입니까?

아, 근데 여러분과 저 사이에 분위기가 너무 딱딱해졌네요. 좀 더 친근하게 다시 물어봐 주세요.
(**namamu** [나마무] 네 이름(**nama kamu**의 축약형))

Siapa namamu?

[시아빠 나마무?] 네 이름은 뭐니?

이름을 말하고 나면 보통 자신이 뭘 하는 사람인지를 말하는 순서가 이어지겠지요. 여러분은 뭘 하시나요? 학생? 직장인? 가정주부? 그렇군요. 인도네시아어로 중고등학생은 **murid** [무릿]이라 하고 대학생은 **mahasiswa** [마하시스와], 직장인의 경우에는 보통 **karyawan** [까르야완]이라고 합니다. 가정주부는 **ibu rumah tangga** [이부 루마 땅가]라고 하구요. 자, 여러분의 직업을 말씀해주세요.
(**murid** [무릿] 초/중/고등학생, **mahasiswa** [마하시스와] 대학생, **karyawan** [까르야완] 직장인/회사원, **ibu rumah tangga** [이부 루마 땅가] 가정주부)

Saya murid.

[사야 무릿] 저는 학생입니다.

Saya mahasiswa.

[사야 마하시스와.] 저는 대학생입니다.

 **Easy** It makes learning a language fun and fast.

 **Fun** It makes learning a language fun and fast.

 **Quick** It makes learning a language fun and fast.

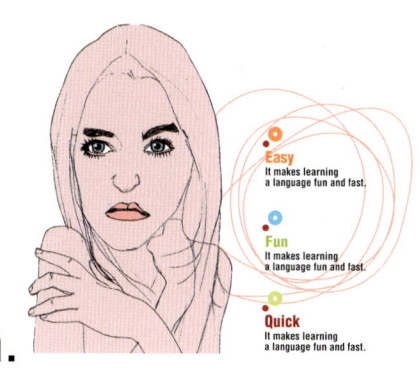

Easy
It makes learning
a language fun and fast.

Fun
It makes learning
a language fun and fast.

Quick
It makes learning
a language fun and fast.

Saya karyawan.
[사야 까르야완.] 저는 직장인입니다.

Saya ibu rumah tangga.
[사야 이부 루마 땅가.] 저는 가정주부입니다.

Quick
It makes learning
a language fun and fast.

만나서 반가워요.

처음 만난 사람과 간단한 소개를 나눈 후에 흔히 말하게 되는 '만나서 반갑습니다.' 는 영어로는 **Nice to meet you.**이지요. 예의 바른 우리는 이럴 경우 '처음 뵙겠습니다.' 라고 고개를 꾸벅 합니다. 하지만 인도네시아어로는 우리 식의 '처음 뵙겠습니다.' 라는 인사가 따로 없고요, **Saya senang sekali bertemu dengan Anda.** [사야 스낭 스깔리 버르뜨무 등안 안다.]라고 말하면 '당신과 만나게 되어 매우 기쁩니다.' 라는 예의가 철철 넘치는 표현이 됩니다. 헐! 너무 길다고요. 그럼, 뺄 거 빼고 **Senang bertemu!** [스낭 버르뜨무!]라고 말하셔도 됩니다. 이것만으로도 '만나서 반가워요.' 가 되지요.
(**senang** [스낭] 기쁜, **sekali** [스깔리] 매우, **bertemu dengan** [버르떠무 등안] ~와 만나다)

Saya senang sekali bertemu dengan Anda.
[사야 스낭 스깔리 버르뜨무 등안 안다.] 당신을 만나서 정말 반갑습니다.

Senang bertemu!
[스낭 버르뜨무!] 만나서 반가워요!

처음 만난 사람과 할 수 있는 가장 간단한 표현들이지만, 이 정도만 말해도 벌써 앞에 있는 인도네시아 사람의 입이 크게 벌어져 있을 것입니다. 거꾸로 외국인이 '안녕하세요? 제 소개를 할게요. 제 이름은 아무개인데 제 성은 뭐랍니다. 전 뭐를 하고 있는 사람이에요. 전 어디어디 사람이지요. 만나서 반가워요.' 라고 한다면 여러분은 '와, 제법인데? 하며 감탄하지 않겠어요?

뭐라카노?

상대방의 말을 못 알아들었거나, 말은 알아 듣겠는데 그 의도를 모를 때 '친구' 는 그러지요. '뭐라카노?' 인도네시아어로는 그럴 때에 **Maksudnya apa?** [막숫냐 아빠?]라고 할 수 있습니다. 단순히 '뭐?' 라는 의미로 **Apa?**라고도 할 수 있겠으나 이건 허물없이 지내는 사이에 쓰는 말이고요. '무슨 말이야?' 라는 의미로는 **Maksudnya apa?** [막숫냐 아빠?] 또는 간단하게 **Maksudnya?** [막숫냐?]가 적당합니다. 이렇게 물으면 상대방은 좀 전에 자신이 했던 말을 보다 천천히, 그리고 또박또박 말합니다. **Maksud saya…** [막숫 사야…] '내 말은 그러니까...' 정도가 되는 셈이지요. 상대방의 말을 제대로 듣지 못했거나 혹은 그 말의 의도가 이해되지 않았을 때 한번 말해 보세요. 뭐라카노? **Maksudnya apa?**라고요.
(**maksudnya** [막숫냐] 의도, **apa** [아빠] 무엇)

010

아이. 아이들. 겁나게 많은 아이들.
Anak. Anak-anak. Banyak anak.
[아낙. 아낙-아낙. 바냑 아낙.]
명사 (2)

이번에는 언어에서 이름이라 할 수 있는 명사를 만나보세요.
아울러 명사의 성과 수를 나타내는 방법도 함께 알려드릴게요.
또한 여러분이 간첩으로 오인 받는 일이 없도록
주의사항도 일러드리겠습니다.

Easy
It makes learning
a language fun and fast.

Fun
It makes learning
a language fun and fast.

Quick
It makes learning
a language fun and fast.

Take the Pleasure of Learning! It makes learning a language fun and fast.

명사는 '힘' !!!

문법이 어렵지 않은 인도네시아어에서는 역시 '명사'가 힘입니다. 물론 단어를 많이 알고 있을수록 표현이 많아진다는 것은 외국어의 당연한 공통사항이지요. 하지만 보시는 바와 같이 **be**동사 없이도 문장을 꾸려나가는 인도네시아어에서 명사를 많이 알고 있다는 것은 그 이상을 뜻합니다. 명사를 많이 알고 있으면 간단한 문장을 혼자서 척척 만들어 낼 수 있다는 것이지요. 그러니 초보자에게 '명사'처럼 중요하고 요긴하게 쓰이는 것이 또 있겠습니까? 자, 그럼 명사를 배워봅시다.

아들은 남자 아이, 딸은 여자 아이

인도네시아어는 명사의 성을 구별하지 않습니다. 명사의 성을 구별해서 나타내고자 할 때, 사람의 경우 남성은 **laki-laki** [라끼-라끼], 여성은 **perempuan** [쁘름뿌안]을 뒤에 써서 나타냅니다. 가족 구성원으로 예를 들어 볼까요? '동생'이라는 단어는 **adik** [아딕]을 씁니다. **adik**은 그 자체만으로는 여동생인지, 남동생인지 알 수 없어요. 동생의 성을 구별하기 위해서는 뒤에 각각 **laki-laki**와 **perempuan**을 쓰면 되죠.

자녀의 경우에도 마찬가지예요. '아이'를 뜻하는 **anak** [아낙]은 자녀를 나타내는 데에도 쓰입니다. 딸과 아들을 구별하여 말할 때엔 역시 **laki-laki**와 **perempuan**을 쓰면 구별이 됩니다.

adik laki-laki
[아딕 라끼-라끼] 남동생

adik perempuan
[아딕 뻐름뿌안] 여동생

anak laki-laki
[아낙 라끼-라끼] 아들

anak perempuan
[아낙 뻐름뿌안] 딸

bapak / ayah
[바빡] / [아야] 아버지

ibu
[이부] 어머니

kakek
[까껙] 할아버지

nenek
[네넥] 할머니

kakak
[까깍] 손위 형제

adik
[아딕] 동생

paman
[빠만] 삼촌

tante
[딴뜨] 숙모

keponakan
[끄뽀나깐] 조카

saudara sepupu
[사우다라 쓰뿌뿌] 사촌

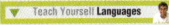

복수는 두 번 쓴다?

인도네시아어에서는 복수명사를 만드는 방법으로 명사를 두 번 반복한다 했지요. 바로 **anak-anak!** 그런데 간혹 이런 질문도 하시더군요. '그럼 아이가 무지기 수로 많을 경우엔 아낙을 세 번 써도 되나요?' (‥;)

하하하… 인도네시아어를 물로 보시는군요. 많을 땐 **banyak anak**이라 하면 겹나게 많은 아이들까지 커버가 되겠습니다. 이처럼 복수를 만드는 또 다른 방법으로, '많은(**banyak**), 모든(**semua**), 몇몇의(**beberapa**)' 등의 단어를 앞에 쓰면 자동으로 해당 명사는 복수의 의미가 됩니다.

그런데 주의사항이 있습니다. 이럴 경우 명사는 반드시 단수형을 쓰셔야 합니다. 즉, '많은 사람'이라는 말을 하고자 할 때는 **banyak orang** [바냑 오랑]이라 합니다. '많은'이라는 **banyak**의 의미로 인해 **orang**은 저절로 '사람들'이되는 것입니다. 그러니 영어처럼 수의 일치라 하여 복수를 만든다고 **banyak orang-orang** 하시면 안됩니다요!!

(**banyak** [바냑] 많은, **mobil** [모빌] 자동차, **semua** [스무아] 모든, **murid** [무릿] 학생, **beberapa** [버버라빠] 몇몇의, **orang** [오랑] 사람)

banyak mobil
[바냑 모빌] 많은 차들

semua murid
[스무아 무릿] 모든 학생들

beberapa orang
[버버라빠 오랑] 몇몇의 사람들

 **Easy**
It makes learning
a language fun and fast.

 **Fun**
It makes learning
a language fun and fast.

 **Quick**
It makes learning
a language fun and fast.

그런데 재미있다고 명사를 반복 사용하여 복수형을 만드는 것을 너무 좋아하시면 곤란합니다. 명사를 반복 사용했을 때 복수의 의미가 되는 것이 아니라, 아예 단어의 의미가 달라지는 경우도 있거든요. 예를 들어, 사람의 눈을 **mata** [마따]라 합니다. 눈이 두 개라고 복수로 표현한답시고 **mata-mata**라고 하면 듣는 사람의 **mata**가 휘둥그레질 것입니다. 왜냐하면 **mata -mata** [마따-마따]는 간첩이라는 말이거든요.

mata
[마따] 눈

mata-mata
[마따-마따] 간첩

앞에서 꾸며줄 수도 있어요!

앞의 **banyak orang** [바냑 오랑]을 보시고 고개를 갸우뚱하셨을 겁니다. '꾸며 주는 말은 명사 뒤에서 수식한다면서요?' 라고 하시면서요. 그렇지요. 인도네시아어에서는 후위수식이 원칙입니다. 그럼, 많은 사람은 **orang banyak**이 아닌가요? 아니에요. 기본적으로 후위수식이지만 수량사나 수사, 그리고 많고 적음을 나타내는 말은 예외적으로 명사 앞에 쓴답니다. 바로 이런 경우이지요. (**satu** [사뚜] 하나/일, **sedikit** [스디낏] 적은, **uang** [우앙] 돈)

satu orang
[사뚜 오랑] 한 사람

semua orang
[스무아 오랑] 모든 사람

sedikit uang
[스디낏 우앙] 적은 돈

놓칠 수 없는 필수 복합명사!

두 단어 이상이 결합되어 하나의 의미를 나타내는 경우를 복합명사라 하지요.
복합명사 중에 그냥 지나칠 수 없는 필수 단어들을 소개하겠습니다.
rumah [루마는 '집' 이고 sakit [사낏은 '아프다' 인데, 인도네시아에서는 '병
원' 을 rumah sakit [루마 사낏]이라 합니다. '사람' 은 orang [오랑], tua [뚜아]
는 '나이가 많은' 이라는 말인데 '부모' 를 orang tua [오랑 뚜아]라 하구요.
kereta [끄레따는 '탈 것' , api [아삐]는 '불' 인데 '기차' 를 kereta api [끄레따
아삐]라 하며, tanda [딴다는 '표시' , tangan [땅안은 '손' 인데 손이 하는 표
시인 '서명' 즉, '사인' (sign)을 tanda tangan [딴다 땅안이라 합니다.

rumah sakit
[루마 사낏] 병원

orang tua
[오랑 뚜아] 부모님

kereta api
[끄레따 아삐] 기차

tanda tangan
[딴다 땅안] 서명

 **Easy** It makes learning a language fun and fast.  **Fun** It makes learning a language fun and fast.  **Quick** It makes learning a language fun and fast.

꼬리에 꼬리를 무는 인도네시아어

자, 쉽고 재미있는 인도네시아어! 더 재미있고 더 쉽게 명사들을 익혀볼까요? 하나의 단어를 가지고 꼬리에 꼬리를 붙여 연결하면서 어휘를 늘려가 보도록 하지요. 인도네시아어로 **gigi** [기기]하면 '치아' 를 의미합니다. 이 단어 앞에 의사, **dokter** [독떠르]를 붙이면? **dokter gigi** [독떠르 기기] '치과의사' 가 되겠습니다. 또 이 단어 앞에 꼬치, **tusuk** [뚜숙]을 붙이면? 1초, 2초, 3초, 정답! 이쑤시개, **tusuk gigi** [뚜숙 기기](*··*) 그럼, 뚜숙보다는 조금 더 큰 '솔' **sikat** [시깟]을 붙이면? 칫솔, **sikat gigi** [시깟 기기]. 그렇다면 이번엔 좀 어려운 문제!! 이와 한 쌍을 이루는 **pasta gigi** [빠스따 기기]의 뜻은? 음… 힌트! **pasta**지만 스파게티와는 전혀 무관함. 치약!

와, 역시 여러분은 센스가 넘치십니다. 보너스 문제!
'기기' 가 '문지르다' 라는 뜻을 가진 **gosok** [고속]과 만나면? 짝짝짝!!! 맞습니다. 바로 **gosok gigi** [고속 기기] '양치질' 이지요. 한 단어를 알고 나면 바로 두 개, 세 개의 어휘를 얻게 되는 인도네시아어랍니다. 명사는 힘!! 이렇게 힘을 길러내면 머지 않아 인도네시아어의 달인이 되실 겁니다. (·0·)

Gigi?

gigi
[기기] 치아

dokter gigi
[독떠르 기기] 치과의사

tusuk gigi
[뚜숙 기기] 이쑤시개

sikat gigi
[시깟 기기] 칫솔

pasta gigi
[빠스따 기기] 치약

gosok gigi
[고속 기기] 양치질

011

Apakah Anda orang Jepang?
Bukan, saya orang Korea.

TPL ^L^ Take the Pleasure of Learning!
It makes learning a language fun and fast.

 Easy
It makes learning
a language fun and fast.

 **Fun**
It makes learning
a language fun and fast.

 **Quick**
It makes learning
a language fun and fast.

011

당신은 일본인인가요?
아니요, 저는 한국인이에요.

Apakah Anda orang Jepang?
Bukan, saya orang Korea.

[아빠까 안다 오랑 즈빵? 부깐, 사야 오랑 꼬레아.]
긍정 부정 대답하기, 부정문 만들기

인도네시아 친구들은 많이 사귀셨나요?
아직이시라고요? 이런~!
아직도 주변에서 한국 사람인지?
일본 사람인지? 물어보신다고요?
그렇다면 말씀하세요.
일본 사람이 아니라 한국 사람이라고…
아주 당당하게 인도네시아어로 말이죠.

너, 일본인이니?

인도네시아 사람은 생김새만 가지고는 중국 사람인지, 일본 사람인지, 한국 사람인지 구별하기 힘들다고들 합니다. 특히 한국 사람과 일본 사람의 구별을 가장 어려워하지요. 그래서 상점에 가면 '곤니찌와' 등의 인사를 받기도 하고, 길을 묻고 뒤돌아 서려는데 일본 사람이냐는 질문도 종종 받습니다. 바로 이런 질문이죠.
(**Apakah** [아빠까] ~입니까?, **Anda** [안다] 당신, **orang** [오랑] 사람, **Jepang** [즈빵] 일본, **kamu** [까무] 너, **minum** [미눔] 마시다, **kopi** [꼬삐] 커피)

Apakah Anda orang Jepang?
[아빠까 안다 오랑 즈빵?] 당신은 일본 사람입니까?

인도네시아어에서 '~입니까?'에 해당하는 의문문은 apakah [아빠까]로 시작합니다. 이때 의문사 **apakah**는 반드시 문장의 앞에 써야 하며 때로 **apa** [아빠]로 줄여 쓰기도 합니다. 이 경우 **apa**는 무엇, 즉 what에 해당하는 **apa**가 아니라 **apakah**에서 끝의 **kah**가 생략된 형태이니 무엇의 **apa**와는 구별하셔야 합니다.

Apa Anda orang Indonesia?
[아빠 안다 오랑 인도네시아?] 당신은 인도네시아 사람입니까?

Apakah kamu minum kopi?
[아빠까 까무 미눔 꼬삐?] 너 커피 마시니?

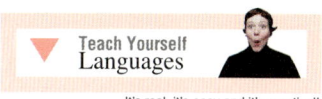
물론 회화체에서 **apakah**는 생략이 가능합니다. 즉, 앞의 두 의문문에서 **apakah**를 빼고 **Anda orang Indonesia?, Kamu minum kopi?**라고 끝만 올려 읽어도 자연스레 의문문이 되지요. 다만, **apakah**를 사용하면 좀 더 공손하고 예의 바른 질문이 되는 것입니다. 늘 편하고 허물없는 사람과 대화할 수만은 없지요. 간혹 공식적인 모임이 생기게 마련이니 비장의 무기로 잘 간직해두셨다가 사용해보세요. 예의범절을 무지 좋아하는 인도네시아 사람을 이런 질문으로 감동시켜보세요. (··)

이처럼 **apakah**는 어떤 의미를 가진 의문사가 아니라 단지 상대방의 '예, 아니오' 라는 대답을 요구하는 의문부호와 같은 것입니다. 따라서 상대방이 **apakah**로 시작하는 질문을 하면 먼저 긍정 혹은 부정의 대답을 해야 합니다.

자! 그러면 인도네시아에서 여러분이 일본인이냐는 질문을 받게 되면 어떻게 할까요? 인도네시아어에서 '네' 라는 긍정의 대답은 **ya** [야]라고 합니다. **Apakah Anda orang Jepang?**이라는 질문에 '네, 그렇습니다.' 라는 대답은 **Ya, saya orang Jepang.** [야, 사야 오랑 즈빵.]하면 되지요. 부정의 대답을 할 경우에는 좀 생각해볼 것이 있습니다. 먼저 인도네시아어의 부정어는 크게 **bukan** [부깐], **tidak** [띠닥], **belum** [벌룸] 이렇게 세 가지로 나뉩니다. **bukan** [부깐]은 명사를 부정할 때, **tidak** [띠닥]과 **belum** [벌룸]은 동사나 형용사를 부정할 때 쓰입니다. 위의 의문문은 일본인이냐 아니냐는 명사를 가리는 것이니 이때의 부정어는 **bukan**을 씁니다. 즉, **Bukan, saya bukan orang Jepang.** [부깐, 사야 부깐 오랑 즈빵.]이라고 하면 '아니요, 전 일본인이 아닙니다.' 가 되는 것이지요. (**bukan** [부깐] 아니오(명사의 부정), **tidak** [띠닥] 아니오(동사/형용사의 부정), **belum** [벌룸] 아직 ~하지 않다)

Apakah Anda orang Jepang?

[아빠까 안다 오랑 즈빵?] 당신은 일본인인가요?

Bukan, saya bukan orang Jepang.

[부깐, 사야 부깐 오랑 즈빵.] 아니요, 전 일본인이 아닙니다.

그러나 질문이 달라지면 부정의 대답은 달라집니다. 예를 들어 '그녀는 키가 큰가요? 라고 물으면 키가 크냐, 안 크냐는 형용사를 부정하는 것이지요. 이때 부정의 대답은 **tidak**으로 합니다. 그럼, 해볼까요?
(**dia** [디아] 그/그녀, **tinggi** [띵기] 키가 큰/높이가 높은, **pendek** [뺀덱] 키가 작은/길이가 짧은)

Apakah dia tinggi?

[아빠까 디아 띵기?] 그녀는 키가 큰가요?

Ya, dia tinggi.

[야, 디아 띵기.] 네, 그녀는 키가 큽니다.

Tidak, dia tidak tinggi. Dia pendek.

[띠닥, 디아 띠닥 띵기. 디아 뺀덱.]
아니요, 그녀는 키가 크지 않습니다. 그녀는 키가 작습니다.

동사의 경우도 마찬가지예요. '그분은 차를 가지고 있습니까? 라는 질문에 부정으로 대답을 하고자 한다면 '가지다' 라는 동사를 부정하는 것이니 **tidak**을 씁니다.
(**beliau** [블리아우] 그분, **punya** [뿌냐] 가지다, **mobil** [모빌] 자동차)

Apakah beliau punya mobil?

[아빠까 블리아우 뿌냐 모빌?] 그분은 차를 가지고 있습니까?

Ya, beliau punya mobil.

[야, 블리아우 뿌냐 모빌.] 네, 그분은 차를 가지고 있습니다.

Easy
It makes learning
a language fun and fast.

Fun
It makes learning
a language fun and fast.

Quick
It makes learning
a language fun and fast.

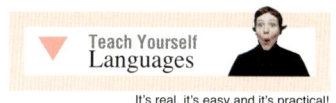

Tidak, beliau tidak punya mobil.

[띠닥, 블리아우 띠닥 뿌냐 모빌.] 아니요, 그분은 차를 가지고 있지 않습니다.

동사나 형용사를 함께 부정할 때 쓰이는 **tidak** [띠닥]과 **belum** [벌룸]이지만, 둘 사이에는 차이가 있습니다. **tidak** [띠닥]은 강한 부정어이고, **belum** [벌룸] 은 '아직 ~ 하지 않았다.' 라는 의미를 가지고 있어서 **tidak**에 비해 상대적으로 약하고 부드러운 부정어이지요. 예를 들어 '식사 하셨나요?' 라는 물음에 '아 니요.' 라는 대답을 할 때에는 **tidak**이 너무 강한 부정이 되어 버립니다. 밥 안 먹고 사는 사람은 없지요. 다이어트 중이어서 몇 끼를 거르면 모를까. 식사 여 부를 물을 때에는 '아직 먹지 않았습니다.' 라는 의미로 **belum makan**을 사용 합니다. 또, '결혼하셨습니까?' 라는 질문에 대해서도 너무 강하게 '아니요!!' 라 고 **tidak** 하기보다는 **belum**으로 '아직 하지 않았습니다.' 라고 부드럽게 대답 하는 것이 좋겠지요. 한가지 더! 상대방이 '아시겠어요?' 라는 자신의 말에 대 한 이해 여부를 물을 때에도 만일 이해를 못했다는 대답을 하고자 한다면 **belum**이라 대답하는 것이 좋습니다. 자, 그러면 문장을 정리해보겠습니다. (**menikah** [머니까] 결혼하다, **mengerti** [멍어르띠] 이해하다)

Belum, saya belum makan.

[벌룸, 사야 벌룸 마깐.] 아직 식사하지 않았습니다.

Belum, saya belum menikah.

[벌룸, 사야 벌룸 머니까.] 아직 결혼하지 않았습니다.

Belum, saya belum mengerti.

[벌룸, 사야 벌룸 멍어르띠.] 잘 이해하지 못했습니다.

이처럼 **belum**은 시간이 지나면 할 것을 현재 이 시점에서 아직 하지 않았다는 의미의 부정어랍니다. 잘 기억해 두세요. 적절하게 **belum**을 잘 사용하여 말한 다면 인도네시아 사람이 감탄할 것입니다. **Bagus!** [바구스!]라고 하면서요. ('킹왕짱' 이라는 뜻이죠.) 누구에게 배웠냐고 물어보면 꼭 저에게서 배웠다고 하세요. (* · ·*)

우리나라 사람과 대화할 때 인도네시아 사람이 가장 난처함을 느끼는 경우 중의 하나가 부정의문문에 대한 우리나라 사람의 대답이라고 합니다. 우리는 '밥 안 먹었어?' 라는 질문을 받았을 때 '응. (안 먹었어.)' 혹은 '아니. (먹었어.)' 라는 대답을 하지요. 이런 대답을 들었을 때 인도네시아 사람은 밥을 먹었다는 것인지 안 먹었다는 것인지 이해하기가 힘듭니다. 인도네시아어로는 의문문이 긍정이든 부정이든 내가 하지 않았으면 부정으로, 내가 했으면 긍정으로 대답해야 합니다. 그러니 인도네시아 사람이 '밥 안 먹었어?' 라고 물으면 '아니. (안 먹었어.)', '응. (먹었어.)' 라고 대답을 하셔야 합니다.

Apakah kamu belum makan?

[아빠까 까무 벌룸 마깐?] 너 아직 밥 안 먹었니?

Belum.

[벌룸.] 응. (아직 안 먹었어.)

부정의 완곡한 표현, 뭔가 부족해!

엄밀한 의미로는 부정어라 할 수 없지만, 부정문에 자주 얼굴을 내미는 단어가 있어 소개합니다. 형용사로 '부족한, 모자란' 이라는 의미를 지닌 kurang [꾸랑]이에요. 직접적이고 직설적인 표현보다는 획 둘러 말하는, 즉 완곡한 표현을 좋아하는 인도네시아 사람들의 성향이 kurang을 사용하는 부정문에서 잘 나타납니다. 예를 들면 상대방이 '알아, 몰라?' 라고 물을 때, 현지인들은 '몰라요' 를 tidak tahu라고 하지 않고 kurang tahu [꾸랑 따위]라고 말합니다. 또 이런 상황도 있지요. 더워서 찬 음료를 주문했는데, 시원한 것과는 거리가 먼 음료가 나왔다면, 이를 두고 kurang dingin [꾸랑 딩인]이라고 말합니다. 음식을 두고도 마찬가지예요. 주문한 음식이 맛이 전혀 없을 때 kurang enak [꾸랑 에낙]이라고 말한답니다. 자, 문장으로 정리해볼까요?
(kurang [꾸랑] 부족한, tahu [따위] 알다, dingin [딩인] 차갑다, enak [에낙] 맛있다)

 **Easy** It makes learning a language fun and fast.
 **Fun** It makes learning a language fun and fast.
 **Quick** It makes learning a language fun and fast.

104 Teach Yourself Languages

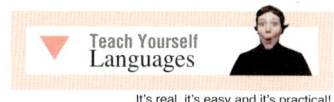

Saya kurang tahu.
[사야 꾸랑 따우.] 전 잘 모르겠는데요.

Ini kurang dingin.
[이니 꾸랑 딩인.] 이건 별로 안 시원해요.

Itu kurang enak.
[이뚜 꾸랑 에낙.] 저건 맛이 별로예요.

설탕 빼고요!

인도네시아에서 음료수를 마실 때 너무 달다는 사람이 많습니다. 대다수의 인도네시아 사람들이 단 것을 매우 좋아해서 달게 마시는 편이지요. 그러니 혹 단 것이 싫으시다면 커피나 주스를 주문할 때 설탕 없이 달라고 말하는 것이 좋습니다. '~없이' 라는 영어의 **without**에 해당하는 말은 인도네시아어로 **tanpa** [딴빠]입니다. **tanpa** [딴빠] 다음에는 명사나 동사 모두 올 수 있습니다. 따라서 '설탕 없이' 라는 표현은 **tanpa gula** [딴빠 굴라]가 됩니다. 그런데 이때 발음을 주의하세요. **Tanpa**와 유사품이 있습니다. 바로 **tambah** [땀바]이지요. 이 단어는 '추가하다, 더하다' 라는 뜻을 가지고 있습니다. **Tanpa**를 제대로 발음하지 않으면 현지인들은 **tambah**로 듣게 됩니다. 이러면 설탕이 잔뜩 들어가서 억수로 단 음료수를 드시게 됩니다요. 참고로 저도 몇 번 당했습니다. (··;)
(**tanpa** [딴빠] ~없이, **tambah** [땀바] 추가하다/더하다, **gula** [굴라] 설탕)

Tanpa gula.
[딴빠 굴라.] 설탕 빼고요.

Tambah gula.
[땀바 굴라.] 설탕 팍팍 넣어주세요.

 Easy
It makes learning
a language fun and fast.

  Fun
It makes learning
a language fun and fast.

 **Quick**
It makes learning
a language fun and fast.

Aku marah.

012
나 화났어.
쟤 무지 화났대.
Aku marah.
Dia marah-marah.
[아꾸 마라. 디아 마라-마라.]
형용사

매일 같은 옷을 입어도 남성이라면 넥타이,
여성이라면 작은 스카프 한 장으로 아주 다른 분위기를 낼 수 있지요.
언어도 마찬가지예요.
딱딱한 명사만 나열하다가 형용사와 부사 하나만 첨가해도
문장이 다채롭고 예쁘게 변신을 합니다.
자, 여러분의 화려한 문장력을 코디해 줄
자주 쓰이는 형용사와 부사를 소개합니다.

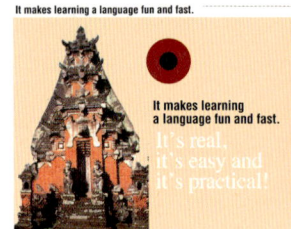

와, 덥다~!

언어는 표현을 하기 위해 있는 것이지요.
사람의 외모를 비롯하여 생각과 감정을 표현하는 말의 대부분이 형용사임을 본다면 과연 형용사는 모든 언어의 꽃이라 할 수 있겠죠.

인도네시아에 처음 오시니 어떤 표현을 하고 싶으세요?
인도네시아 여자들이 예쁘다고요? **Cantik!** [짠띠ㄱ!]이라 한마디! 공항을 출발하여 자카르타 시내에 들어서니 야경이 무척 아름답지요? 자카르타에는 자랑할만한 멋진 건물들이 참 많습니다. 밤에는 조명을 받아 더욱 멋지게 보이고요. 그렇다면 **Indah!** [인다!] '아름답군!' 이라고 또 한마디! 아, 그렇군요. 아마도 처음으로 실외로 나오게 되면 '와, 덥다!' 라는 말을 가장 먼저 하게 될 것입니다. **Wah, panas ~.** [와, 빠나스 ~.] 인도네시아어의 형용사는 형태가 변하지 않고, 영어와는 달리 **be**동사의 도움 없이 바로 문장 안에서 서술어로 쓰입니다. 따라서 '인도네시아의 날씨는 덥네요.' 라는 표현을 할 때에는 이렇게 말하면 됩니다.
(**cuaca** [쭈아짜] 날씨, **panas** [빠나스] 덥다)

Cuaca Indonesia panas.

[쭈아짜 인도네시아 빠나스.] 인도네시아의 날씨는 덥네요.

 **Easy** It makes learning a language fun and fast.
 **Fun** It makes learning a language fun and fast.
 **Quick** It makes learning a language fun and fast.

그런데 더워도 아주 덥다고요? '매우' 즉 영어의 **very**에 해당하는 부사는 여러 가지입니다. 자주 사용되는 것으로 **sekali** [스깔리]와 **sangat** [상앗]이 있는데 둘은 사용하는 순서만 다릅니다. 따라서 '인도네시아는 매우 덥다.' 라는 말은 다음 두 가지로 할 수 있어요.
(**sekali** [스깔리] 매우(형용사 뒤에 위치), **sangat** [상앗] 매우(형용사 앞에 위치))

Cuaca Indonesia panas sekali.
[쭈아짜 인도네시아 빠나스 스깔리.] 인도네시아의 날씨는 매우 덥다.

Cuaca Indonesia sangat panas.
[쭈아짜 인도네시아 상앗 빠나스.] 인도네시아의 날씨는 매우 덥습니다.

 ## 배가 아파요.

인도네시아는 물이 좋지 않다는 말씀을 드렸었지요? 아무리 물을 사먹는다 해도 인도네시아에서 생활하다 보면 보통 배앓이를 하는 일이 많습니다. 그럼 바로 '배가 아파요.' 하고 약국, **apotek** [아뽀떽]에 가서 약, **obat** [오밧]을 사 드셔야지요. '아프다' 라는 말은 **sakit** [사낏]이라 합니다. 배가 아플 때에는 **Saya sakit perut.** [사야 사낏 뻐룻.]이라고 말하면 됩니다. 머리가 아플 땐 **Saya sakit kepala.** [사야 사낏 끄빨라.]라고 말하면 두통이 있다는 표현이 되고요.

(**apotek** [아뽀떽] 약국, **obat** [오밧] 약, **sakit** [사낏] 아프다, **perut** [뻐룻] 배, **kepala** [끄빨라] 머리)

Saya sakit.
[사야 사낏.] 저 아파요.

Saya sakit kepala.
[사야 사낏 끄빨라.] 나 머리가 아파요.

Saya sakit perut.
[사야 사낏 뻐룻.] 나 배가 아파요.

또한 바깥은 무지 덥고 실내는 냉방이 잘 되어 있으니 온도 차이로 인해 몸이 으슬으슬할 때가 많습니다. 머리는 지끈지끈하고요. 그래서 곧잘 감기몸살에 걸리곤 합니다. '더운 인도네시아에서 웬 감기?' 라고 하실 테지만 실내에서 워낙 빵빵하게 에어컨을 틀어대니 우리나라 겨울철의 감기와는 또 다른 감기몸살이 흔히 걸립니다. (특히 인도네시아의 영화관은 춥기로 소문이 나있지요. 반팔 입고 갔다가는 얼어 죽습니다요.) 인도네시아어로 콧물이 줄줄 흐르는 감기는 **pilek** [삘렉]이라 하며, 기침은 **batuk** [바뚝], 감기몸살은 **masuk angin** [마숙 앙인]이라고 합니다. 감기몸살, 마숙앙인을 자세히 볼까요? **masuk** [마숙] 은 '들어오다', **angin** [앙인]은 '공기', '바람' 이라는 말로 '몸에 나쁜 공기나 기운이 들어갔다.' 는 표현이지요.

Easy
It makes learning
a language fun and fast.

Fun
It makes learning
a language fun and fast.

Quick
It makes learning
a language fun and fast.

여러분의 지금 '퓨~ㄹ'은 어떠신지요?

모든 것이 새로운 환경에 때론 신나고 즐겁다가도, 더위 때문에 또는 교통체증 때문에 화나고 짜증날 수 있습니다. 자, 하루하루 달라지는 여러분의 컨디션을 표현해 보세요. 뭐든 마음에만 담아두면 병이 될 수 있습니다. 신나고, 즐겁고, 화나고, 슬픈 일 몽땅 다 말해보자고요. 이제 막 걸음마를 시작한 인도네시아어. 단어 하나하나 늘려가며 더듬더듬 말하는 데도, 현지인 친구가 '와, 너 인도네시아어 진짜 잘하는구나!' 라고 칭찬해준다면? 무지 기쁜 일이지요. 그럼 바로 기쁜 마음을 표현해주세요, 이렇게요. (**gembira** [금비라] 기쁜)

Aku gembira sekali.

[아꾸 금비라 스깔리.] 나 무지 기뻐.

발리 섬에 가면 아름다운 밤바다 앞에 앉아 하얀 파도와 하늘에서 쏟아질 것 같은 별들을 바라보면서 해산물을 먹을 수 있는 해변 카페가 많답니다. 이럴 땐 외쳐주셔야지요, 캬! 행복혀!! (**bahagia** [바하기아] 행복한, **sedih** [스디] 슬픈)

Kami bahagia.

[까미 바하기아.] 우리 행복해요.

It makes learning a language fun and fast.

기쁘고 행복한 일이 있으면 슬프고 짜증나는 일도 있게 마련입니다. 자, 그럴 때 완소남의 어깨에 고개를 잠시 묻고 이렇게 말해보세요.

Aku sedih.

[아꾸 스디.] 나 슬퍼. (흑흑)

국제적으로 한국 사람들은 좋게 말하면 부지런하고 민첩하기로, 좀 부정적으로 표현하자면 서두르고 급한 성미를 가진 것으로 유명하지요. 반면에 인도네시아 사람들은 매사에 느긋하고 여유 있는 성향을 가지고 있습니다. 그러다 보니 인도네시아에서는 내 마음같이 모든 것이 빠릿빠릿하게 돌아가 주지 않습니다. 때론 머리에 뚜껑 열리는 상황도 발생하지요. 그럴 땐 분노를 표출할 수밖에 없습니다. '나 화났어!' **Aku marah!** [아꾸 마라!] 그랬더니 현지인 친구가 깜짝 놀라 뛰어가서 다른 친구들에게 이렇게 전달합니다. **Dia marah-marah!** [디아 마라마라!] '쟤가 화가 나서 펄펄 뛰더라!' 라고요. 인도네시아어로 **marah**는 '화나다' 라는 의미의 형용사예요. 그런데 이 **marah**를 두 번 사용해서 **marah-marah**라고 하면 무지 화가 난 상황인 거지요. 화를 못 참아 펄펄 뛰는 상황에 쓸 수 있습니다. 근데 난 분명히 **marah**라고 했는데 친구는 왜 **marah-marah**라고 전달했을까요? 화 내는 수준이 다른 거지요. 인도네시아 사람들은 보통 상대방을 앞에 두고 직선적으로 화를 내거나 욕을 하는 경우가 없습니다. 오히려 화를 내는 사람을 두고 '감정을 절제하지 못하는군!' 하며 좋지 않은 시선으로 볼 때가 많습니다. 그러니 여러분은 단지 약간 화가 났을 뿐인데, 친구에겐 여러분이 화가 나서 팔짝팔짝 뛰는 것으로 보일 수 있는 것이지요. (··;;) (**marah** [마라] 화난)

Easy It makes learning a language fun and fast.

Fun It makes learning a language fun and fast.

Quick It makes learning a language fun and fast.

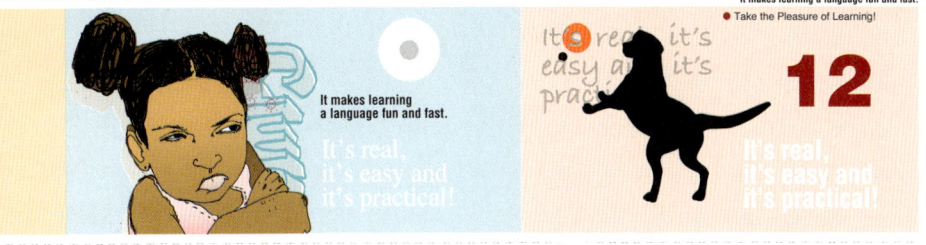

It makes learning a language fun and fast.
● Take the Pleasure of Learning!

12

Aku marah.
[아꾸 마라.] 나 화났어.

Dia marah-marah.
[디아 마라-마라.] 그는 아주 화가 나 있어요.

브로모산의 일출, '와, 바구스!'

점점 더 유창한 인도네시아어를 구사하게 될 여러분이 자주 듣게 될 형용사가 있습니다. **bagus** [바구스] 훌륭하다는 말이지요. 여러분의 놀랄만한 인도네시아어 실력도 **bagus**이지만, 인도네시아를 여행하다 보면 이 짧은 단어가 마음을 가득 채우는 감동을 표현할 때도 있을 것입니다.

한번은 중부 자바의 족자에서 장거리 버스를 타고 동부 자바에 위치한 브로모산의 중턱에 간 적이 있습니다. 새벽 6시에 출발하여 저녁 8시에 도착하기까지 열네 시간을 쉬지 않고 달리면서 새삼 이 나라가 얼마나 넓은가를 절감하며 부러운 마음뿐이었지요. 간단하게 저녁을 먹고 숙소에서 잠시 눈을 붙이고 있는데, 새벽 3시에 안내인이 방문을 두드리며 출발을 알렸습니다. 지프를 타고 깜깜한 새벽 길을 달리다가 내려보니 사막이었습니다. 말을 타고 천천히 사막을 지나다가 문득 고개를 들었습니다. 와, 낮은 새벽 하늘을 뒤덮은 별들이 마치 제 얼굴 위로 쏟아질 듯하였지요. 말에서 내려 계단을 올라 분화구에 도착하니 부지런하게 서두른 사람들이 작은 운동장 크기만 한 분화구 주위를 둘러싸고 앉아 있었습니다. 그리고 얼마 지나지 않아 해가 서서히 뜨기 시작하였습니다. 갑자기 웅성거림을 그치고 모두들 입을 다물고 얼마간 일출과 분화구를 번갈아 보기만 하였습니다. 자신만의 감동에 만족할 수 없었던 우리는 서로 쳐다보며 조그맣게 말하였지요. **Bagus!**, 멋지군요... 굳이 엄지손가락을 들어올리지 않아도 서로 이해했습니다. 대부분이 외국인이었음에도, 그리고 모두 서툴기만 한 인도네시아어였으나 그 한마디로 충분히 서로의 감동을 이해했으며 표현할 수 있었습니다. 언어란 그렇게 묘한 힘을 가진 법이지요.

013
언제 만날까? 어디서 만나지
Kapan kita bertemu? Di mana?
[까빤 끼따 버르떠무? 디 마나?]
의문사 (2)

시간이 이쯤 흘렀으면 새끼줄은 충분히 치셨을 테고...
그런데 새끼줄만 치다 보면 점 찍어 놓은 '완소녀'가
너무 먼 당신이 되어 버릴 수 있습니다.
자, 이젠 완소녀에게 작업 들어가셔야지요.
그렇다면 언제, 어떻게 그리고 어디서 만나야 하는지
열혈 작업용 멘트에 대해 알려드리겠습니다.

Take the Pleasure of Learning! It makes learning a language fun and fast.

Easy
It makes learning
a language fun and fast.

Fun
It makes learning
a language fun and fast.

Quick
It makes learning
a language fun and fast.

013

Kapan kita bertemu? Di mana?

Easy
It makes learning
a language fun and fast.

Fun
It makes learning
a language fun and fast.

Quick
It makes learning
a language fun and fast.

Teach Your Languages

어디 가?

이웃과 친해졌다면 오고 가는 길에 마주칠 때 **Selamat pagi!**, **Selamat siang!**, **Selamat malam!**으로만 인사하기가 지루하시겠네요! 집밖을 나서는데 이웃을 만났다면 '어디 가?' 정도는 물을 여유가 생기셨다고요. 그렇담 간편하게 물어야죠. 바쁜 세상에 언제 '너는 어디로 가니?' 라고 하겠습니까? 이럴 땐 인도네시아어로 간편하게 **Ke mana?**라고 합니다. 길을 가는 중에 만난 친구에게 이렇게 물으면 '어디 가는 길이냐?' 라는 가벼운 인사치례의 말이 되는 것이지요.
(**ke** [끄] ~로, **mana** [마나] 어디)

Ke mana?
[끄 마나?] 어디 가?

그렇다고 영어의 **where**에 해당하는 의문사가 **ke mana**는 아니에요. 인도네시아어에서 장소를 묻는 의문사는 전치사와 연결되어 있습니다. 여기서 잠시 주요 전치사 3인방을 소개하지요. 주요 전치사 3인방에는 **ke** [끄], **di** [디], **dari** [다리]가 있습니다. **ke** [끄]는 영어의 **to**, **di** [디]는 **in**, **at**, **on**, 그리고 **dari** [다리]는 **from**의 기능을 각각 가지고 있습니다. 각각의 쓰임이 이해가 가시지요?

Easy
It makes learning
a language fun and fast.

Fun
It makes learning
a language fun and fast.

Quick
It makes learning
a language fun and fast.

 **Easy**
It makes learning
a language fun and fast.

 **Fun**
It makes learning
a language fun and fast.

 **Quick**
It makes learning
a language fun and fast.

장소를 묻는 의문사에 공통적으로 들어가는 것은 **mana** [마내]입니다.
이 **mana** [마내]가 3인방 중 어느 전치사와 결합할 것인가는 함께 쓰이는 동사
의 성격에 의해 좌우됩니다. 일단 **mana**가 각각의 전치사와 결합되면 어떤 의
미를 가지는가를 먼저 보시지요.
(**di** [디] ~에, **dari** [다리] ~에서/부터)

ke mana
[끄 마내] 어디로

di mana
[디 마내] 어디에

dari mana
[다리 마내] 어디로부터

모두 장소를 묻는 의문사이지만 동사에 따라 어느 의문사를 써야 할지를 결정
합니다. 예를 들어 '어디에 가세요?' 라는 의문문을 위해서는 **ke mana** [끄 마
내]를 씁니다. 또는 '어디에 사세요?' 를 물으려면 **di mana** [디 마내]를 쓰지요.
마지막으로 '어디에서 오셨나요?' 를 위해서는 **dari mana** [다리 마내]를 써야
겠지요. 자주 쓰이는 문장에서 한번 볼까요?
(**pergi** [뻐르기] 가다, **tinggal** [띵갈] 살다/거주하다, **datang** [다땅] 오다)

Kamu pergi ke mana?
[까무 뻐르기 끄 마나?] 너 어디에 가니?

Dia tinggal di mana?
[디아 띵갈 디 마나?] 그는 어디에 사나요?

Mereka datang dari mana?
[머레까 다땅 다리 마나?] 그들은 어디에서 왔습니까?

Easy
It makes learning
a language fun and fast.

Fun
It makes learning
a language fun and fast.

Quick
It makes learning
a language fun and fast.

모두가 장소를 묻는 의문사이지만 움직임이나 방향이 있는가(ke), 정지나 고정의 상황인가(di), 또는 출신이나 유래를 뜻하는가(dari)에 따라 각각 상황에 맞는 의문사를 사용하면 됩니다. 그리고 위의 세 가지 의문사의 경우에는 반드시 뒤에 올 필요는 없습니다. 모두 앞으로 보내셔도 됩니다.

즉, **Ke mana kamu pergi?**나 **Di mana dia tinggal?** 등 모두 가능하다는 것이지요.

위치를 바꿔서 다른 단어로 연습해 볼까요?

(**teman** [뜨만] 친구, **pindah** [삔다] 이동하다/장소를 옮기다, **ada** [아다] ~에 있다)

Di mana ada temanmu?
[디 마나 아다 뜨만무?] 네 친구는 어디에 있니?

Ke mana mereka pindah?
[끄 마나 머레까 삔다?] 그들은 어디로 이동했나요?

그런데 위에 나온 의문사 중에 **dari mana** [다리 마나]는 좀 신경을 써서 봐주세요. 쓰임이 많기 때문이지요. 길에서 친구를 만났는데 '어디 갔다 오는 길이냐?'도 **Dari mana?**이고 국적이 다른 사람들끼리 만나서 '어디서 왔냐?' 할 때에도 **Dari mana?**입니다. 또 전화를 걸어서 얀또를 바꿔달라 했더니, 깐깐한 얀또 엄마가 **Dari mana?**하고 물을 수도 있습니다. '누구냐?'는 거죠.

Easy
It makes learning
a language fun and fast.

Fun
It makes learning
a language fun and fast.

Quick
It makes learning
a language fun and fast.

이때 **Dari mana?**를 '어디서 왔냐?' 는 질문인줄 알고 '저는 한국에서 왔는데요.' **Saya datang dari Korea.** [사야 다땅 다리 꼬레아.]라고 답하면 얀또 엄마가 얀또를 안 바꿔주는 불상사가 생길 수도 있습니다. (*··*) 이때에는 '전 누구누구라고 합니다.' 라고 이름을 밝혀야 합니다. 상황에 맞게 **dari mana**를 잘 이해해주세요.

언제 만날까?

친구를 사귀셨나요? 그럼 인도네시아를 구경시켜 달라고 하세요.
인터넷으로 가볼 만한 곳들에 대한 정보를 이미 수집해 놓았다 해도 현지인과 함께 가는 것만큼 확실한 것은 없지요. 쇼핑을 하더라도 바가지를 쓰지 않을 테고요. 자, 그럼 약속을 잡으세요. '우리 언제 만날까?' 인도네시아어로 '언제' 즉 영어의 **when**에 해당하는 의문사는 **kapan** [까빤]을 씁니다. 연이어 복습 삼아 장소 의문사를 사용해서 약속장소도 잡으세요. 문장으로 해볼까요?
(**kapan** [까빤] 언제, **bertemu** [버르떠무] 만나다)

Kapan kita bertemu?
[까빤 끼따 버르떠무?] 언제 우리 만날까?

Di mana kita bertemu?
[디 마나 끼따 버르떠무?] 우리 어디에서 만날까?

이런 표현도 있지요. '언제 우리 집에 와.' 이때의 언제는 의문사가 아니라

'언제 한번' 이라는 의미예요. 이럴 땐 **kapan**을 두 번 사용하여 **kapan-kapan** 하면 됩니다. 인도네시아 친구에게 이런 말로 권해 보세요. 좋아할 겁니다. (**kapan-kapan** [까빤-까빤] 언제 한번, **rumah** [루마] 집)

Kapan-kapan datang ke rumah saya!

[까빤-까빤 다땅 끄 루마 사야] 언제 한번 우리 집에 와!

이거 저거 중에, 어느 거?

살다 보면 선택의 상황이 많지요. 친구 집에 가서도 '커피와 녹차 중에 어느 걸로?' 뭘 사러 가서도 '어느 걸로 드릴까요?' 라는 선택을 하라는 질문을 받습니다. 인도네시아어로 선택을 묻는 의문문에서는 **yang mana** [양 마나]를 씁니다. (**yang mana** [양 마나] 어느 것, **yang** [양] ~한 것, **suka** [수까] 좋아하다, **atau** [아따우] 또는 / 혹은, **kopi** [꼬삐] 커피, **teh** [떼] 차)

Yang mana kamu suka, kopi atau teh?

[양 마나 까무 수까, 꼬삐 아따우 떼?] 커피와 차 중에 어느 것이 좋아?

Easy
It makes learning
a language fun and fast.

Fun
It makes learning
a language fun and fast.

Quick
It makes learning
a language fun and fast.

Yang mana?
[양 마나?] 어느 걸로?

명사가 아닌 것으로 대답을 할 때에는 **yang** [양]을 함께 써서 대답하면 좋습니다. 과일가게에 가서 '큰 것으로 주세요.' 라고 말할 때에는 **yang besar** [양 버사르]를 달라 하면 됩니다. **yang besar**, '큰 것' 이라는 표현이 되지요. 이렇게 쓰는 **yang**은 '~한 것' 이라는 의미가 됩니다.

물론 사람에게도 쓸 수 있습니다. 인도네시아 사람에게 '김 아무개를 아냐?' 고 물으니 '김? 무슨 김?' 이라 합니다. 김씨가 워낙 많고 한국인의 이름에 익숙하지 않은 탓에 대개 성을 이름처럼 부르는 경우가 많으니 인도네시아 사람에게는 김이 얼마나 많겠습니까? 그럴 땐 보통 외모나 인상착의를 끄집어내어 설명하지요. '뚱뚱한 김 말이야', **Kim yang gemuk**. [김 양 그묵.] 또는, '키 작은 김 말이야', **Kim yang pendek**. [김 양 뻰덱.] ... 알고 있는 김씨의 인상착의를 떠올리면서 해보십시오. 근데, **Kim yang suka minum**. [김 양 수까 미눔.]이라 대답하네요. **suka** [수까]는 '좋아하다' 이고, **minum** [미눔]은 '마시다' 인데 이런 경우엔 '술 좋아하는 김씨 말이야.' 라고 해석될 수 있습니다. 인도네시아 사람이 한국 사람을 두고 마시기 좋아한다는 말을 사용하는 경우엔 흔히 뒤에 술이 생략되어 있답니다. (·· ;) (**gemuk** [그묵] 뚱뚱한, **pendek** [뻰덱] 키가 작은)

121 | Teach Yourself Languages

Kim? Kim yang mana?
[김? 김 양 마나?] 김? 어느 김?

Kim yang gemuk.
[김 양 그묵.] 뚱뚱한 김씨 말이야.

Kim yang pendek.
[김 양 뻰덱.] 키 작은 김씨 말이야.

Easy
It makes learning
a language fun and fast.

Fun
It makes learning
a language fun and fast.

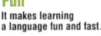

Quick
It makes learning
a language fun and fast.

Menarik sekali.

014

인도네시아어 어때요?
아주 재미있어요.

Bagaimana Bahasa Indonesia?
Menarik sekali.

[바게이마나 바하사 인도네시아? 머나릭 스깔리.]
의문사 (3)

어떠세요, 점점 인도네시아어의 세계로 한 걸음씩 내딛고 계시는 기분이? 어느덧 스무
~쓰하게 중상급(?)에 올라 서신 여러분께 묻고 싶네요. 인도네시아어 어때요? 대답하기
어려우시다고요? 그렇다면 큰소리로 외쳐주세요. Menarik sekali! 머나릭 스깔리!!!

Take the Pleasure of Learning! It makes learning a language fun and fast.

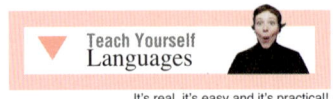

Teach Yourself Languages

It's real, it's easy and it's practical!

인도네시아 어때요?

우리도 한국에 사는 외국인에게 자주 하는 질문이지요. '한국 어때요?' 마찬가지로 인도네시아 친구도 인도네시아에 대한 여러분의 인상이 어떤지 곧 잘 물어볼 것입니다. '인도네시아 어때?' 라고요. (bagaimana [바게이마나] 어떻게)

Bagaimana Indonesia?
[바게이마나 인도네시아?] 인도네시아 어때?

영어의 **how**에 해당하는 인도네시아어의 의문사는 크게 두 가지입니다. **bagaimana** [바게이마나]와 **berapa** [버라빠]이지요. 방법이나 상태 등을 묻는 '어떻게' 의 경우에는 **bagaimana** [바게이마나]를 쓰고, 수량이나 가격 등을 물을 때는 **berapa** [버라빠]를 씁니다. **berapa**는 수사와 깊은 관련이 있는 의문사이므로 숫자를 공부할 때 함께 하도록 하겠습니다. 이번 과에서는 일단 **bagaimana**만 다루기로 하지요. 그런데 위 예문의 발음을 다시 한번 봐주세요. **Bagaimana!** 철자대로 발음하자면 [바가이마나]이지만, 현지인들은 보통 [바게이마나]로 발음합니다.

Quick & Easy
It makes learning
a language fun and fast.

Indonesian
Learn Indonesian!

Take the Pleasure of Learning! It makes learning a language fun and fast.

어떠냐는 의문사이니 상대방의 생각이나 의견을 물을 때도 사용합니다.
보다 구체적으로 들어간다면, '생각' 은 **pikiran** [삐끼란], '의견' 은
pendapat [뻰다빳]입니다. 그러니 '네 생각은 어때?' 는 **Bagaimana
pikiranmu (pikiran+kamu)?**이지요.
(**pikiran** [삐끼란] 생각, **pendapat** [뻰다빳] 의견)

Bagaimana pikiranmu?
[바게이마나 삐끼란무?] 네 생각은 어때?

Bagaimana pendapatmu?
[바게이마나 뻰다빳무?] 네 의견은 어때?

이외에 **bagaimana**는 도구나 수단을 묻는 '어떻게' 로 교통수단을 질문할
때에도 쓰입니다. 발리에 가려고 하는데 어떻게 가야 할지를 묻고자 한다면,
Bagaimana pergi ke Bali? [바게이마나 뻬르기 끄 발리?]라고 묻습니다. 발
리는 섬이니 배나 비행기를 타고 가야지요. 교통수단을 나타내는 전치사는
dengan [등안]을 씁니다. 친구의 대답은 **Dengan pesawat.** [등안 쁘사왓.]
또는 **Dengan kapal.** [등안 까빨.]이겠지요. 친구는 부러워할지도 모르겠습
니다. 그 유명한 발리를 한 번도 가지 못한 인도네시아 사람이 무척 많으니까
요.
(**pergi** [뻬르기] 가다, **dengan** [등안] ~함께/~을 타고(교통수단), **pesawat** [쁘사
왓] 비행기, **kapal** [까빨] 배)

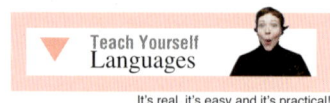
이건 어떻게 먹는 거야?

'어떻게' 라는 의미를 가진 **bagaimana**이니 당연 '방법' 을 물어볼 때도 '짱' 입니다. 인도네시아에 오니 생소한 것이 얼마나 많으시겠어요. 바로 '바게이마나' 가 그 동안 여러분이 가려웠던 부분들을 몽땅 긁어 드릴 겁니다. 이런 상황이 있겠네요. 현지 음식을 시도하러 인도네시아 친구들과 식당에 갔습니다. 친구들이 성심 성의껏 메뉴를 골랐습니다. 그런데 난처합니다. 이건 뭘까요? 또 어떻게 먹는 걸까요? 궁금하니 냉큼 물어보세요. 이렇게요.
(**apa** [아빠] 무엇, **nama** [나마] 이름, **makanan** [마까난] 음식, **Bagaimana cara?** [바게이마나 짜라?] 방법이 어떻게 되나요?)

Apa nama makanan ini?
[아빠 나마 마까난 이니?] 이 음식의 이름은 뭐야?

Bagaimana cara makan ini?
[바게이마나 짜라 마깐 이니?] 이건 어떻게 먹는 거야?

중요한 표현이 나왔습니다. **cara** [짜라]는 '방법' 이라는 뜻을 가진 단어이니, **Bagaimana cara?**는 '어떻게' 의 **bagaimana**에 더욱 힘을 실어주는 셈입니다.

하여 뭐든 그 방법을 물을 때 사용할 수 있는 아주 요긴한 표현이지요. 이제부터 뭐든 방법이 궁금하시면 예쁜 손으로 가리키며 물어보시면 됩니다. '바게이마나 짜라?' 하면서요.

아무리 철자가 발음기호인 것처럼 발음하기 쉬운 인도네시아어라지만 가뭄에 콩 나듯이 이따금 발음하기 힘든 단어들이 출현할 수 있습니다. 그럴 땐 친구에게 이렇게 물어볼 수 있지요. (**melafalkan** [머라팔깐] 발음하다)

Bagaimana cara melafalkan ini?
[바게이마나 짜라 머라팔깐 이니?] 이건 어떻게 발음하니?

왜 하필이면 인도네시아어를?

인도네시아어가 우리에겐 생소한 언어이듯이, 그곳에 있는 여러분 또한 그 나라 사람들에겐 어찌하여 오게 되었는지 그 사연이 궁금할 것입니다. 그래서 자주 듣는 질문이지요. 왜 인도네시아어를 배우세요? 왜 인도네시아에 오셨나요? 영어의 **why**에 해당하는 의문사는 **mengapa** [멍아빠]와 [끄나빠]가 있는데, **kenapa**는 보다 구어체적 표현입니다.
(**mengapa** [멍아빠] 왜, **kenapa** [끄나빠] 왜, **belajar** [벌라자르] 배우다/공부하다, **datang** [다땅] 오다)

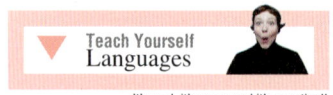

Mengapa Anda belajar bahasa Indonesia?

[멍아빠 안다 벌라자르 바하사 인도네시아?]
왜 당신은 인도네시아어를 공부하세요?

Kenapa kamu datang ke Indonesia?

[끄나빠 까무 다땅 끄 인도네시아?] 넌 왜 인도네시아에 왔니?

여러분은 인도네시아어를 쉽고 재미있으니까 배우는
것이지요. '왜냐하면 ~ 때문이다.' 가 뭐냐고요? 상대방
이 **mengapa**나 **kenapa**로 질문하면, 여러분은 영어의
because에 해당하는 **karena** [까르내로 대답해야 합니
다.
(**karena** [까르나] 왜냐하면, **mudah** [무다] 쉬운, **dan** [단] 그
리고, **menarik** [머나릭] 재미있는, **guru** [구루] 선생, **cantik**
[짠띠ㄱ] 예쁘다)

Karena bahasa Indonesia mudah dan menarik.

[까르나 바하사 인도네시아 무다 단 머나릭.]
왜냐하면 인도네시아어가 쉽고 재미있기 때문입니다.

Karena guru bahasa Indonesia cantik.

[까르나 구루 바하사 인도네시아 짠띠ㄱ.]
왜냐하면 인도네시아어 선생님이 예쁘기 때문입니다.
(*··*)

 **Easy** It makes learning a language fun and fast.
 Fun It makes learning a language fun and fast.
 **Quick** It makes learning a language fun and fast.

언제나 간편하게 루마얀!

외국어를 하다 보면 우리말보다 의미를 전달하는데 더 간편하고 쉬운 말이 있지요. 그래서 우리나라 사람과 대화하면서도 꼭 사용하고 싶어지는 말이 있습니다.
인도네시아어에서는 그게 바로 **lumayan** [루마얀]인데요, 우리말로 옮기자면 몇 가지의 표현이 나올 수 있는 말이지요.
친구와 쇼핑을 갔는데 옷을 하나 집어들며 묻네요.
어때? (**Bagaimana?**) 루마얀. (나쁘지 않아.),
오랜만에 만난 친구가 안부를 묻네요.
요새 어떻게 지냈어? (**Bagaimana kabarnya?**)
루마얀. (별일은 없어.)

내 집에 온 친구가 감탄을 합니다.
와, 좋은데... (**Wah, bagus!**) 어깨를 조금 들었다 올리며 말합니다. 루마얀. (그저 그렇지 뭐...), 시험을 보고 나오는데 묻습니다.
시험 어땠어? (**Bagaimana ujian?**) 루마얀. (볼만했어...)

적당한 대답이 떠오르지 않을 때에나 대답하기 곤란한 질문을 받았을 때에도 이 루마얀이 '딱' 입니다.

자, 지금까지 저와 함께 해온 인도네시아어 어떠셨나요? (**Bagaimana bahasa Indonesia?**) 루마얀이라고요?
할만하다는 건지, 대답하기 곤란하다는 건지... ·___·:

(**lumayan** [루마얀] 적당한/괜찮은, **kabarnya** [까바르냐] 안부, **bagus** [바구스] 훌륭한, **ujian** [우지안] 시험)

Lumayan.

Take the Pleasure of Learning!
It makes learning a language fun and fast.

Sedang apa?

015

뭐 하니?
인도네시아어 공부 중이야.
Sedang apa?
Saya sedang belajar bahasa Indonesia.
[스당 아빠? 사야 스당 벌라자르 바하사 인도네시아.]
시제 표현하기

인도네시아어를 소개하면서 '동사변화, 이젠 안녕~' 이라고 말씀을 드렸지요.
인도네시아어의 동사는 따로 과거형을 가지고 있지 않습니다.
그럼 어떻게 시제를 표현하는지 지금까지 내내 궁금하셨지요?
여러분의 궁금증을 해결해 드리겠습니다.

  Easy
It makes learning
a language fun and fast.

  Fun
It makes learning
a language fun and fast.

  Quick
It makes learning
a language fun and fast.

Teach Yourself
Languages

Take the Pleasure of Learning!
It makes learning a language fun and fast.

친구야, 모하삼?

인도네시아에 처음 갔을 때 친구에게 '지금 뭐 하니?' 라는 말을 하기 위해 한참 고민을 했습니다. 도대체 **what are you doing**은 인도네시아어로 뭐라 해야 하나? '지금' 의 **sekarang** [스까랑]과 '뭐' 의 **apa** [아빠]는 알겠는데 '~하다' 는? 고민 끝에 '~을 행하다' 에 해당하는 **melakukan** [멀라꾸깐]이라는 동사를 생각해냈습니다. 그래서 이렇게 물었어요. **Kamu melakukan apa?** 친구가 슬그머니 웃으며 **Sedang apa?** [스당 아빠?] 이렇게 고쳐주더군요. '뭐 하냐?' 는 질문을 **sedang** [스당], 즉 '~하는 중이다' 라는 시제를 나타내는 표현을 써서 그처럼 간편하게 할 수 있는지 처음 알았지요. 그러니 여러분은 고민하지 말고 간단히 물어봐 주세요.

(**sedang** [스당] ~하고 있는 중이다, **apa** [아빠] 무엇)

Sedang apa?

[스당 아빠?] 뭐 하니?

'뭐 하니?' 에 해당하는 생기발랄한 표현이 있는데요.
젊은 사람들은 **Ngapain?** [응아빠인?]이라는 표현으로 자주 사용한답니다.
상당히 구어체적 표현이지요. '모하삼?' 정도라 할까요… '~하고 있는 중이다' 라는 현재 진행형을 나타내기 위해서는 **sedang** [스당]을 동사 앞에 쓰기도 하지만, 회화체에서는 **lagi** [라기]를 쓰기도 합니다. '나는 식사 중이야.' 라는 표현은 **Saya sedang makan.** [사야 스당 마깐.] 또는 **Saya lagi makan.** [사야 라기 마깐.]이라 하면 된다는 거죠.

132 | Teach Yourself Languages

Easy
It makes learning
a language fun and fast.

Fun
It makes learning
a language fun and fast.

Quick
It makes learning
a language fun and fast.

그러나 군이 **sedang** [스당]이나 **lagi** [라기]를 쓰지 않아도 현재 진행형을 나타낼 수 있습니다. 바로 영어의 **now**에 해당하는 **sekarang** [스까랑을 문장에 사용하면 자연히 문장은 현재진행형의 의미를 가지게 됩니다. 즉, **Saya makan sekarang.** [사야 마깐 스까랑.]은 '나 지금 밥 먹어.' 라는 표현으로 현재에 진행중인 동작을 말하는 것이 되지요. 지금 뭐 하세요? **TV** 보고 계신다고요? 그럼, 이 두 표현 중에 하나를 선택해서 말하면 됩니다.

(**ngapain** [응아빠인] 뭐 하니?(구어체), **sekarang** [스까랑] 지금, **nonton** [논똔] (텔레비전, 영화, 공연 등을) 보다, **televisi** [뗄레비시] 텔레비전)

Saya sedang nonton televisi.

[사야 스당 논똔 뗄레비시.]

나는 TV를 보고 있습니다.

Saya nonton televisi sekarang.

[사야 논똔 뗄레비시 스까랑.]

나는 TV를 보고 있습니다.

인도네시아어로 '보다' 라는 말에는 **lihat** [리핫]과 **nonton** [논똔]이 있습니다. **lihat** [리핫]은 단순히 눈으로 보는 행위의 '보다' 를 의미하고, '텔레비전이나 영화, 공연 등을 보다' 라는 말을 할 때에는 **nonton** [논똔]을 사용해야 합니다.

이미 했걸랑요!

과거 시제를 나타내기 위해서는 '이미 ~한'의 의미를 지닌 **sudah** [수다]라는 단어를 동사 앞에 쓰면 됩니다. '나는 밥을 먹었다.' 라는 과거 문장을 쓰고자 한다면 **Saya sudah makan.** [사야 수다 마깐.]이라 하면 되지요. 그런데 문장 안에 분명한 과거를 나타내는 부사가 있다면 굳이 **sudah**를 쓰지 않아도 문장은 저절로 과거시제를 나타냅니다. 예를 들면 **Dia pergi ke Indonesia.** [디아 뻐르기 끄 인도네시아.]는 '그는 인도네시아에 간다.' 라는 시제가 분명치 않은 문장이지요. 그런데 이 문장에 '어제' 라는 **kemarin** [끄마린]이 첨가되어 **Dia pergi ke Indonesia kemarin.** [디아 뻐르기 끄 인도네시아 끄마린.]이 되었다면 '그는 어제 인도네시아에 갔다.' 가 되어 **sudah**를 쓰지 않아도 문장은 이미 과거가 되어 버립니다. **sudah**를 또 쓰면 안되냐고요? 왜 안됩니까? 되지요. 다만 간편하게 안 써도 되는 것을 굳이 써서 길게 말할 것은 없다는 말이예요. 자, '시제 표현의 간편화' 를 이루자고요.

(**sudah** [수다] 이미 ~한, **pergi** [뻐르기] 가다, **kemarin** [끄마린] 어제, **tadi** [따디] 아까/좀 전에)

Saya sudah makan.
[사야 수다 마깐.] 나는 이미 밥을 먹었다.

Saya makan tadi.
[사야 마깐 따디.] 나는 좀 전에 밥을 먹었다.

Dia sudah pergi ke Indonesia.
[디아 수다 뻐르기 끄 인도네시아.] 그는 이미 인도네시아에 갔다.

 **Easy** It makes learning a language fun and fast.
 **Fun** It makes learning a language fun and fast.
 **Quick** It makes learning a language fun and fast.

Dia pergi ke Indonesia kemarin.

[디아 뻐르기 끄 인도네시아 끄마린.] 그는 어제 인도네시아에 갔다.

인도네시아 사람들은 짧게 줄여 말하는 것을 좋아하는지라 회화체에서는 **sudah**의 경우, **s**를 빼고 **udah** 즉, [우다]로 곧잘 말합니다. 또한 **sudah** 혹은 **udah**는 시제를 나타내는 표현 이외에도 '됐습니다' 라는 의미의 간단한 대답으로도 자주 쓰입니다. 예를 들어 귀찮게 쫓아다니는 잡상인들에게 '수다.' 또는 '우다.' 라고 하면 '됐어요.' 라는 가벼운 사양의 표현이 됩니다. 또, 주문을 마친 후에 '수다.' 라고 하면 '그것으로 되었다.', '이상 끝!' 이란 마침의 표현이 되는 것이지요.

Fun
It makes learning
a language fun and fast.

인도네시아로 갈 거예요!

'~할 것이다' 라는 미래 시제를 나타내기 위해서는 **akan** [아깐을 동사 앞에 씁니다. '나는 인도네시아에 갈 것이다.' 라면 **Saya akan pergi ke Indonesia.** [사야 아깐 뻐르기 끄 인도네시아.] 하면 되겠지요. 마찬가지로 미래 역시도 정확한 미래의 시간을 나타내는 단어가 있다면 **akan** [아깐] 역시 생략할 수 있습니다. 그러니까 내일이란 단어를 넣어서 위의 문장을 다시 써 보면 **Saya pergi ke Indonesia besok.** [사야 뻐르기 끄 인도네시아 베속.] '나는 내일 인도네시아에 갈 것입니다.' 라는 미래시제의 문장을 만들 수 있습니다.
(**akan** [아깐] ~할 것이다, **besok** [베속] 내일)

Saya akan pergi ke Indonesia.

[사야 아깐 뻐르기 끄 인도네시아.] 나는 인도네시아에 갈 것이다.

Saya pergi ke Indonesia besok.

[사야 뻐르기 끄 인도네시아 베속.]　나는 내일 인도네시아에 갈 것입니다.

Easy
It makes learning
a language fun and fast.

도대체 그 어제가 언제라는 거야?

동사변화 없이 분명한 시제를 표현하는 단어 이를 테면 지금, 오늘, 어제, 내일 등의 단어만을 사용해서 시제를 나타낼 수 있는 것이 간편한 것은 사실이나 때론 알쏭달쏭할 때가 있습니다. 바로 '어제' 와 '내일' 이라는 단어가 모호하게 사용되기 때문이지요. 인도네시아어로 회화체에서 어제, **kemarin**은 정말 어제일 때도 **kemarin**이고 이틀 전도 **kemarin**이고 일주일 전도 **kemarin**이랍니다. 다시 말해 앞에 나온 **Dia pergi ke Indonesia kemarin.** [디아 뻐르기 끄 인도네시아 끄마린.] '그는 어제 인도네시아에 갔다.' 라는 문장의 시제가 과거 시제인 것은 분명하지만, 반드시 '어제' 갔는지는 좀 더 조사(?)를 해봐야 확실하다는 것이지요. 인도네시아 사람들은 회화체로 그다지 먼 과거에 일어난 일이 아닌 것은 모두 어제, **kemarin**이라고 표현하거든요. 그래서 정말로 그가 '어제' 인도네시아에 갔는지를 확인하려면 다시 물어봐야 하는 수고를 해야 합니다. '언제라고?' 즉 **Kapan?** [까빤?] 이렇게 물으셔야 한다는 거죠. **Saya pergi ke Indonesia besok.** [사야 뻐르기 끄 인도네시아 베속.] '나는 내일 인도네시아에 갈 것입니다.' 도 마찬가지에요. 정말 내일도 **besok**, 이틀 후도 **besok** 다음 주도 **besok!** 그저 곧 인도네시아로 갈 것이라는 의미일 수가 있는 것입니다. 그러니 대화 중에 툭하면 들리는 **kemarin**과 **besok** 때문에 처음엔 어리둥절하실지도 모릅니다. 툭하면 **kemarin**과 **besok**을 사용하니 '대체 인도네시아에 오니 어제와 내일에 무슨 일이 그렇게 많은 거야!' 라는 생각이 드실 수도 있겠네요. (·0·)

Fun
It makes learning
a language fun and fast.

Quick
It makes learning
a language fun and fast.

Fun
It makes learning
a language fun and fast.

바쁜 lagi!

회화체에서 현재진행형을 나타낼 때 쓸 수 있는 **lagi**는 여러 곳에서 쓰임이 많은 바쁜 단어입니다. 지금 배운 대로 **Saya lagi makan.** 하면 식사 중이라는 현재 진행되는 동작을 표현하지만 이와는 다르게도 쓰입니다. 제가 여러분에게 했던 인사말 중에 **Sampai jumpa lagi!** [삼빠이 줌빠 라기!]를 기억하시나요? '또 만나, 안녕!' 이라는 헤어질 때의 인사이지요. 이때의 **lagi**는 영어의 **again**에 해당하는 '다시' 의 의미로 사용된 것입니다. 또 있습니다. '하나 더!' 라는 말을 할 때에도 **lagi**를 씁답니다. '하나' 는 인도네시아어로 **satu**예요. 그래서 '하나 더!' 라는 표현은 **Satu lagi!** [사뚜 라기!]라 하시면 됩니다.

Saya lagi makan.
[사야 라기 마깐.] 나는 식사 중이다.

Sampai jumpa lagi.
[삼빠이 줌빠 라기.] 다시 만날 때까지 안녕!

Satu lagi!
[사뚜 라기!] 하나 더!

다시 만날 때까지
쌍까기 없기! ^ㅅ^

Take the Pleasure of Learning!
It makes learning a language fun and fast.

016
전화번호가 몇 번이에요?
공팔일…
Berapa nomor telepon? 081…
[버라빠 노모르 뗄레뽄? 꼬송들라빤사뚜…]
수사와 수량사

 Easy It makes learning a language fun and fast.

 **Fun** It makes learning a language fun and fast.

 **Quick** It makes learning a language fun and fast.

숫자를 세는 것은 어렵지는 않은 일이나, 몽땅 새로운 단어이니 그저 외워야 하는 번거로움을 안겨줍니다. 그러나 일상생활에서 너무나 중요한 위치를 차지하는 숫자이니 어쩌면 좋답니까? 게다가 '완소녀'의 전화번호를 알아내려면 일단 숫자를 알아야 가능한 일입니다. 자, 얼른 수사를 정복하시고 '작업'을 완성하셔야죠.

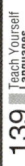

Take the Pleasure of Learning! It makes learning a language fun and fast.

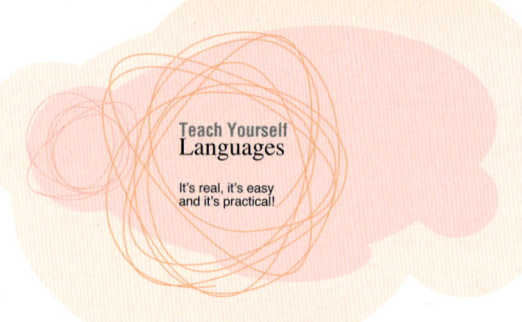

사뚜, 두아, 띠가 ~

1부터 10까지 세어보겠습니다. 일단 열 손가락을 쫘악 펴시고요. 준비, 시작!!

satu
[사뚜] 1

dua
[두아] 2

tiga
[띠가] 3

empat
[음빳] 4

lima
[리마] 5

enam
[으남] 6

tujuh
[뚜쥬] 7

delapan
[들라빤] 8

sembilan
[슴빌란] 9

sepuluh
[스뿔루] 10

아! 0을 빼먹었군요. 인도네시아어로 숫자 0은 **nol** [놀]이며 때론 **kosong** [꼬송]이라고도 합니다. **nol** [놀]은 우리말로 '영'이고 **kosong**은 원래 '비어 있는'의 뜻을 가진 형용사인데 우리말로 하자면 '공' 입니다. 전화번호를 말할 때 '영삼일...' 이렇게 하기보단 '공삼일' 이렇게 하는 경우가 많지요. 그처럼 **kosong** [꼬송]이 쓰이는 것이지요. 자, 다시 1부터 10까지 여러 번 반복해서 읽어주세요. 여러 번 읽다 보면 생소함이 점점 덜해지잖아요.

자, 그럼 이제는 11부터 20까지 세어보겠습니다.

A Self Teaching Guide

sebelas
[스블라스] 11

duabelas
[두아블라스] 12

tigabelas
[띠가블라스] 13

empatbelas
[음뺏블라스] 14

limabelas
[리마블라스] 15

enambelas
[으남블라스] 16

tujuhbelas
[뚜주블라스] 17

delapanbelas
[들라빤블라스] 18

sembilanbelas
[슴빌란블라스] 19

dua puluh
[두아 뿔루] 20

11부터 19까지를 보면 공통적으로 발견되는 것이 있지요.
바로 **belas** [블라스]. 1부터 9까지의 숫자 뒤에 **belas** [블라스]를 쓰면 다시 11
부터 19까지가 됩니다. 몽땅 새로운 단어만 나오다가 나름대로 규칙이 발견되
니 참 반갑고 즐거운 일입니다. 그런데, 11인 **sebelas** [스블라스]는 뭐냐고요?
인도네시아어에서 **se-** [스]는 **satu** [사뚜]의 축약형입니다. 자, 10과 20을 보세
요. **sepuluh** [스뿔루]와 **dua puluh** [두아 뿔루]이지요? **sepuluh** 즉, **satu
puluh**가 축약된 말입니다. 10과 20의 공통점으로 **puluh**가 있지요? 이처럼 매
십 단위마다 뒤에 **puluh**를 쓰시면 됩니다. 또 하나의 규칙이 발견되었네요.
방가방가!! 그럼 이 규칙대로 10부터 90까지 매 십 단위를 말해볼까요?

sepuluh
[스뿔루] 10

dua puluh
[두아 뿔루] 20

tiga puluh
[띠가 뿔루] 30

empat puluh ...
[음빳 뿔루] 40

sembilan puluh delapan
[슴빌란 뿔루 들라빤] 98

sembilan puluh sembilan
[슴빌란 뿔루 슴빌란] 99

seratus
[스라뚜스] 100

이런 식이 됩니다. 100은 **seratus** [스라뚜스]라 합니다. 그럼 200은 뭘까요? 그렇죠. **dua ratus** [두아 라뚜스]입니다. 그렇다면 매 백 단위마다 **ratus** [라뚜스] 를 붙이면 된다는 말이지요. 이젠 999까지 세실 수 있지요? 그 다음은? 1000은 **seribu** [스리부]라고 합니다. 2000은 **dua ribu** [두아 리부], 3000은 **tiga ribu** [띠가 리부]... 매 천 단위는 **ribu** [리부]를 붙이면 되고요.

1000이 열 개면 일만! 백 개면 십만!...

10,000 즉, 만에 해당하는 새로운 단어는 없습니다. (휴…다행이지요?) 인도네시아에선 1000이 10개 있으니 **sepuluh ribu** [스뿔루 리부]라고 합니다. 또한 100,000 역시 마찬가지로 1000이 100개 있다 하여 **seratus ribu** [스라뚜스 리부]라 합니다.

Teach Yourself
Languages It's real, it's easy and it's practical!

A Self Teaching Guide

우리나라에서는 10,000이 그 이상의 숫자들
즉 만, 백만, 천만… 등으로 단위 역할을 하는
반면, 인도네시아어로는 매 천 단위를 뜻하는
ribu [리부]가 그 역할을 한답니다.
그러니 백만에 해당하는 1,000,000에는
더 이상 **ribu** [리부]를 사용할 수 없겠지요?
하여 새로운 단어가 등장합니다.
인도네시아어로 '일백만' 은 **sejuta** [스주따]이며 또 **juta** [주따]는 매 백만 단
위를 나타내고요, 천만은 '천만다행' 으로 백만이 10개라는 식으로 **sepuluh**
juta [스뿔루 주따]를 씁니다.

sepuluh ribu
[스뿔루 리부] 10,000

seratus ribu
[스라뚜스 리부] 100,000

sejuta
[스주따] 1,000,000

sepuluh juta
[스뿔루 주따] 10,000,000

헷갈리면 큰일납니다!

위의 숫자들을 보면서 뭔가 이상하다는 생각을 하고 계셨나요?
혹 오타가 아닌가 하셨다고요? 아닙니다. 자, 숫자에서 알아두셔야 할 중요한
사실이 있습니다. 우리는 매 천 단위마다 콤마(,)를 찍지요. 그런데 인도네시아
에서는 콤마가 아닌 그냥 점을 찍습니다. 10,000, 100,000 ... 이렇게요. 그래서
위의 숫자들에 점이 찍혀 있는 것입니다. 그럼 소수점은 어떻게 하냐고요? 반
대로 소수점에는 점이 아니라 콤마를 사용합니다. 완전히 거꾸로이지요? 그러
니 착오를 일으키면 절대 안됩니다. 중요한 돈이 달려 있다면 더구나... 큰일이
지요. 꼭 기억하세요!!

전화번호가
몇 번이니?

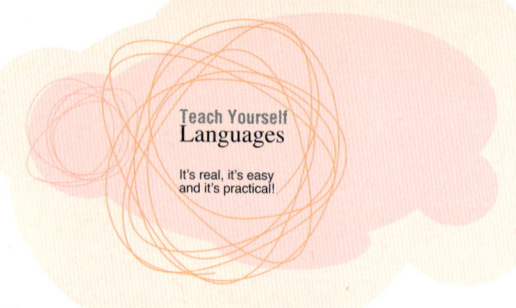

여러분은 이제 인도네시아어의 수사를
'완존히' 정복하셨답니다.
그렇다면 이젠 작업을 완성하셔야겠네요. (·0·)
'완소녀'를 당당히 찾아 가세요. 자, 그리곤 전화번호를 물어보세요.
바로 이렇게요!
(**berapa** [버라빠] 몇, **nomor telepon** [노모르 뗄레뽄] 전화번호)

Berapa nomor telepon?
[버라빠 노모르 뗄레뽄?]　전화번호가 몇 번이에요?

영어의 **how**에 해당하는 두 개의 인도네시아어 의문사 중에 미루어 놓았던 나
머지 의문사 하나, **berapa**를 기억하시나요? 수사를 익히셨다면 그 다음은 미
뤄 두었던 **berapa** [버라빠]를 공부할 차례가 되었습니다. 수사와 관련된 의문
사 **berapa**로 질문하면 대답은 뭐든 수사로 해야 합니다. 따라서 완소녀는 전
화번호를 알려줄 수 밖에 없다는 말씀이죠. 근데 어쩌지요? 완소녀의 요청으로
그녀의 대답은 그만 편집되었습니다. 여러분, 죄송!! (··;;)

수사와 관련하여 떼어 놓을 수 없는 중요한 표현이 또 하나 있지요. 바로 수량
사! 단위를 알아야 합니다. 일단 사람을 셀 때에는 '사람'의 **orang** [오랑을 넣
어 **satu orang** 혹은 **seorang**, **dua orang**, **tiga orang**이라고 하면 한 사람, 두
사람, 세 사람이 됩니다.

A Self Teaching Guide

동물을 셀 때에는 '꼬리' 라는 단어,
ekor [에꼬르]를 넣어 seekor, dua ekor,
tiga ekor라고 하면 한 마리, 두 마리,
세 마리가 되고요. 기타 다른 사물을 셀 때에는
buah [부애]를 가지고 세는 것이 가장 무난합니다.
그러므로 '가족이 몇 명이에요?',
'형제가 몇 명이에요?' 라는 질문에는 해당 숫자와 함께 orang을 덧붙이시면
되고요, 몇 개가 필요하냐는 질문에는 숫자 뒤에 buah를 쓰시면 되지요.
(orang [오랑] 사람, ekor [에꼬르] 동물의 꼬리/마리(동물을 세는 단위), buah [부
애] 과일/개(사물을 세는 단위), keluarga [끌루아르가] 가족, saudaramu [사우다라
무] 너의 형제(saudara kamu의 축약형), hanya [하냐] 단지/오직)

Berapa orang keluarga Anda?
[버라빠 오랑 끌루아르가 안다?] 당신의 가족은 몇 명인가요?

Berapa orang saudaramu?
[버라빠 오랑 사우다라무?] 네 형제는 몇 명이니?

참, 수사 중에서 '하나' 를 의미하는 satu [사뚜]는 다른 단어와 만날 때 흔히
se- [스-]로 축약이 되어 단어와 합쳐집니다. 그래서 한 사람은 seorang [스오
랑], 한 마리는 seekor [스에꼬르], 그리고 한 개는 sebuah [스부애]가 되는 것
이지요. 그래서 당신의 형제가 단 한 명이라면 이렇게 대답하셔야 합니다.
(saudaraku [사우다라꾸] 나의 형제(saudara aku의 축약형))

Saudaraku hanya seorang.
[사우다라꾸 하냐 스오랑.] 내 형제는 단 한 명이야.

017

얼마예요?
깎아 주세요!
Harganya berapa?
Didiskon, dong!

[하르가냐 버라빠? 디디스꼰, 동!]

쇼핑하기

세상 어디를 가더라도 '쇼핑'의 즐거움을 놓칠 수는 없지요.
유창한 인도네시아 실력을 발휘할 겸 즐겁게 쇼핑하러 나가십시오.
그런데 외국인이 경계해야 할 그 한 가지, 바가지가 걱정이시라고요? 노 프라블럼!
그 바가지를 피할 수 있는 유용한 표현들까지 함께 소개하겠습니다.

쇼핑할까요~!

인도네시아어로 '쇼핑하다' 는 **berbelanja** [버르벌란쟈]인데, **belanja** [벌란쟈]만 쓰기도 합니다. 거창한 쇼핑이 아니라 간단한 장보기까지도 모두 **berbelanja**라고 할 수 있어요. 이젠 제법 낯선 곳에서의 생활도 익숙해지고 친구도 사귀었다면 슬슬 구경을 나설 때가 되었지요. 자, 친구에게 말하세요. 쇼핑하고 싶어!

(**mau** [마우] 원하다, **berbelanja** [버르벌란쟈] 쇼핑하다/장보다)

Saya mau berbelanja.

[사야 마우 버르벌란쟈.] 나 쇼핑하고 싶어.

온 종일 쇼핑몰에서 죽치고 놀아요!

처음으로 인도네시아의 쇼핑몰에 가는 우리나라 사람의 대부분은 깜짝 놀랍니다. 인도네시아가 경제적으로 후진국이라 생각하기 때문에 쇼핑몰 등이 우리나라보다 당연히 안 좋을 것이라는 생각을 하지만 천만의 말씀입니다. 빈부의 격차가 심한 인도네시아에서 상류층의 생활은 우리가 상상할 수 없을 정도이지요. 쇼핑몰도 단순한 백화점이 아니라 영화관을 비롯한 각종 오락시설을 겸비하고 있는 만능의 장소입니다. 외관도 매우 화려할 뿐만 아니라 없는 브랜드가 없을 정도로 매장의 구성도 다양하여 구경거리가 많지요.

Easy
It makes learning
a language fun and fast.

Fun
It makes learning
a language fun and fast.

Quick
It makes learning
a language fun and fast.

It's real, it's easy and it's practical!

그래서 인도네시아의 쇼핑몰은 죽치고 놀기에
딱 좋습니다. 실제로 '쉬는 날 어디 갈 곳 없을까?'
하고 현지인 친구에게 물어보면 열이면 아홉이
유명 쇼핑몰의 이름들을 줄줄이 읊어 댈 것입니다.
대중 교통 수단이 좋지 않고 교통 체증 또한 심하기 때문에 현지인들은 쉬는
날에 보통 쇼핑몰에서 외식하고, 매장을 돌아다니고, 이벤트 구경하거나 영화
를 보고, 또 차를 마시고… 이렇게 온종일 쇼핑몰에서 죽치고 놀아댑니다.

입어봐도 되나요?

쇼핑을 하다가 괜찮다 싶은 상점이 보이면 바로 들어가야지요.
이런저런 물건들을 살피고 있는 여러분에게 점원이 다가옵니다.
Cari apa? [짜리 아빠?], 무엇을 찾고 있냐고 묻네요.
그럼 우리가 늘 하는 대답이 있잖아요. '그냥 좀 보려고요.' **Mau lihat-lihat.**
[마우 리핫-리핫.]이라고 하시면 됩니다. 이때의 **lihat** [리핫]은 '보다' 의 뜻을
가진 동사인데 이처럼 두 번 쓰면 '구경하다' 의 뜻이 되지요.
(**cari** [짜리] 찾다, **mau** [마우] 원하다, **lihat-lihat** [리핫-리핫] 구경하다)

Cari apa?
[짜리 아빠?] 뭘 찾으세요?

Mau lihat-lihat.
[마우 리핫-리핫.] 그냥 구경 좀 하려고요.

자, 드디어 맘에 드는 물건을 고르셨나요? 그럼 한번 입어 보셔야죠.

Boleh coba ini?
[볼레 쪼바 이니?] 이거 입어봐도 되나요?

중요한 단어가 등장했군요. **boleh** [볼레]는 영어의 **may**와도 같습니다. '해도 좋다, ~해도 된다' 라는 의미이며, 허락을 구할 때 쓰이는 조동사이지요. **boleh** 로 시작하는 의문문에 대해 인도네시아 사람들은 **boleh**로 대답합니다. 그러니 점원이 **Ya, boleh.** [야, 볼레.] '그러셔도 됩니다.' 라고 대답하겠지요. **coba** [쪼바]는 '시도하다, 해보다' 라는 동사입니다. 상점에 가서 입어보고, 신어보고, 써보고, 뭐든 **coba**이지요. 또한 현지인 친구가 희한하게 생긴 열대과일을 먹다가 여러분에게 권할 때에도 **Mau coba?** [마우 쪼바?] '먹어볼래?' 라고 물을 것입니다. 참 쓰기에 쉬운 단어네요.
자, 마음을 확 당기는 물건이 있나요? 그럼, 가격을 물어보세요.

Berapa harga ini?
[버라빠 하르가 이니?] 이거 가격이 얼마예요?

가격, 즉 영어의 **price**에 해당하는 인도네시아어의 단어는 **harga** [하르가]입니다. 가격은 숫자로 되어 있으니 의문사는 수사와 관계된 **berapa** [버라빠]이지요. **Berapa harga ini?** [버라빠 하르가 이니?]는 가격을 물을 때 가장 일반적으로 쓰이는 질문입니다. 또는 물건을 가리키면서 **Berapa harga?** [버라빠 하르가?] 또는 보다 구어적 표현으로 **Harganya berapa?** [하르가냐 버라빠?]라고 물으면 됩니다.

Easy
It makes learning
a language fun and fast.

Fun
It makes learning
a language fun and fast.

Quick
It makes learning
a language fun and fast.

너무 비싸요. 깎아주세요.

잠깐! 맘에 드는 물건이 있다 해도 일단 지르기 전에 해야 할 일이 있습니다. 먼저 흥정을 해야지요. 그 동안 갈고 닦아온 인도네시아어 실력을 발휘할 찬스입니다. 일단 흥정의 첫 단계로 엄살을 피워보는 건 어떨까요? 너무 비싸요!
(**terlalu** [떠르랄루] 너무/지나치게, **mahal** [마할] 비싸다)

Ini terlalu mahal.
[이니 떠르랄루 마할.] 이건 너무 비싸요.

terlalu [떠르랄루]는 영어의 **too**, 즉 '너무,' '지나치게' 라는 의미의 부사입니다. 정도를 지나쳤다는 것은 부정적인 것이지요. 우리말로는 '너무 감사합니다.' 라는 말을 하기도 하지만 그런 식으로 **terlalu**를 써서는 곤란합니다. '이 커피는 너무 달아요.', **Kopi ini terlalu manis.** [꼬삐 이니 떠르랄루 마니스.], '인도네시아는 너무 더워요.', **Indonesia terlalu panas.** [인도네시아 떠르랄루 빠나스.] 등의 표현에 어울리는 것이지요. 또한 정도에 지나친 일을 두고 우리말로 '심하네.' 라는 표현이 있지요. 그럴 땐 **keterlaluan** [끄떠르랄루안]이라고 합니다. 다소 부정적인 뉘앙스를 지니고 있지요. '야, 내가 여기까지 오는 데 두 시간이 걸렸다는 거 아니겠니.' 라는 친구의 말을 듣고, '거 심하네.' 라는 맞장구를 할 경우, 바로 **keterlaluan**이라 말하면 됩니다.
(**manis** [마니스] 달다, **panas** [빠나스] 덥다/뜨겁다, **keterlaluan** [끄떠르랄루안] (정도가) 지나친)

Kopi ini terlalu manis.
[꼬삐 이니 떠르랄루 마니스.] 이 커피는 너무 달아요.

Indonesia terlalu panas.

[인도네시아 떠르랄루 빠나스.] 인도네시아는 너무 더워요.

Keterlaluan!

[끄떠르랄루안!] 심하네!

It's real, it's easy and it's practical!

엄살을 떤 다음 단계로는 바로 깎아달라는 말을 해야겠지요?
가격을 깎을 때는 여러 가지 표현을 할 수 있습니다. 보통 현지인들은
Didiskon, dong! [디디스꼰, 동!] **Kurangi, dong!** [꾸랑이, 동!]이라고 말합니다. **kurangi** [꾸랑이]는 '깎다' 이고 **dong** [동]은 자카르타 사람들이 잘 사용하는 표현이에요. **dong**은 별 뜻이 없이 말을 감칠맛 나게 해주는 기능을 하는데, **dong**이 가장 잘 쓰이는 말이 **Hati-hati, dong.** [하띠-하띠, 동.]이에요. **hati-hati** [하띠-하띠]는 '조심하다' 라는 말인데, 흔히 헤어질 때 염려의 인사로 자카르타 사람들이 많이 하지요. **Hati-hati, dong.**은 '조심해야 해, 알지? 정도가 될까요? 하여간 이 **dong**을 적절하게 잘 사용하는 외국인에게 인도네시아 사람은 '너 자카르타 사람이 다 되었구나.' 라고 칭찬을 합니다.
(**didiskon** [디디스꼰] 할인받다, **kurangi** [꾸랑이] 줄이다/깎다)

Didiskon, dong!

[디디스꼰, 동!] 깎아 주세요!

Kurangi, dong!

[꾸랑이, 동!] 깎아 주세요!

Kurangi, dong! 이런 표현까지 하는 여러분을 보면, 인도네시아 사람들은 벌써 제 값을 받는 걸 반은 포기할 겁니다. 인도네시아의 관광지에서 물건을 살때에는 부르는 가격의 절반부터 시작해 보세요. 어이없는 표정을 지을 테지만 뒤돌아 가는 시늉을 하면 벌써 가격은 애초의 가격에 비해 쑥 내려가 있을 겁니다. 그렇다면야 뭐… 마지못해 발걸음을 다시 돌리는 시늉을 하세요. 이젠 맘 놓고 팍팍 지르는 일만 남은 겁니다. (룰루랄라… 지름신이 내렸네!! ‥)

Easy
It makes learning
a language fun and fast.

Fun
It makes learning
a language fun and fast.

Quick
It makes learning
a language fun and fast.

Easy
It makes learning
a language fun and fast.

Fun
It makes learning
a language fun and fast.

Quick
It makes learning
a language fun and fast.

Sekarang jam berapa?

018

018

지금 몇 시야?
지금 1시야.

Sekarang jam berapa?
Sekarang jam 1.

[스까랑 잠 버라빠? 스까랑 잠 사뚜.]

시간 묻고 대답하기

시계는 안 차고 다니는 사람보다 차고 다니는 사람이 많은데,
시간을 묻는 것은 항상 필수표현에 속하는군요.
그리고 보니 약속을 할 때에도
시간 약속을 빼먹을 수가 없고요.
'코리안 타임' 저리 가라 하는
'인도네시안 타임' 이라고 들어보신 적 있으신가요?

▼ Teach Yourself **Languages**

Take the Pleasure of Learning! It makes learning a language fun and fast.

Sekarang jam berapa?

인도네시안 타임, 고무시간

성격 급하기로 국제적으로 소문난 우리 한국인!
인도네시아에서 교민 100명을 대상으로 설문조사를 실시했습니다.
'이곳에 살면서 가장 고통스러운 일은?' 100명 모두 한 목소리로 외치더군요!
고무 시간! **Jam karet!** [잠 까렛!], **karet** [까렛]은 '고무' 라는 뜻이며, **jam**은 먹
는 쨈이 아니라 '시간' 또는 '시계' 를 의미하는 단어랍니다. (*··*) 눈치 빠르
신 분들은 벌써 감 잡으셨지요? 고무줄처럼 아주 유연한(?) 시간 감각을 가지고
있기 때문에 현지인 친구와 약속을 했을 경우, 30분 심지어 1시간은 기다릴 각
오를 해야 합니다. 비가 많이 오는 우기일 때는 더 심하지요. 인도네시아 사람
들이 워낙 느긋한 성향을 가진 것이 가장 큰 이유이긴 하지만, 대도시 특히 자
카르타의 교통체증도 한몫 단단히 하고 있어요. 자카르타에서 제 아무리 베테
랑 운전기사라도 '거기까지 얼마나 걸리나요?' 라는 질문에는 이런 대답밖에
는 못 합니다. **Kurang tahu!** [꾸랑 따우!] 지도 잘 몰러유!!
(**jam** [잠] 시간, **karet** [까렛] 고무, **kurang** [꾸랑] 부족한, **tahu** [따우] 알다)

 **Easy** It makes learning a language fun and fast.
 **Fun** It makes learning a language fun and fast.
 **Quick** It makes learning a language fun and fast.

시방 몇 시여?

시간을 물을 때에도 역시 숫자와 관련되어 있으니 의문사 **berapa**를 써서 **Sekarang jam berapa?** [스까랑 잠 버라빠?] 또는 **Jam berapa sekarang?** [잠 버라빠 스까랑?] 이렇게 묻는 것이 가장 일반적인 표현입니다. (**sekarang** [스까랑] 지금, **berapa** [버라빠] 몇)

Sekarang jam berapa?

[스까랑 잠 버라빠?] 지금 몇 시입니까?

시간을 말할 때 매 정시를 말하고자 할 때는 역시 **jam**을 써서 수사와 함께 말하면 됩니다. 1시라면 **Sekarang jam satu.** [스까랑 잠 사뚜.], 10시라면 **Sekarang jam sepuluh.** [스까랑 잠 스뿔루.] 오전인지 오후인지를 구별하여 말하고자 할 때에는 **pagi** [빠기] (오전), **siang** [시앙] (점심), **sore** [소레] (오후), **malam** [말람] (저녁)을 각각 끝에 덧붙여 말하면 보다 정확하겠지요. 시간과 분을 말할 때에도 순서대로 쓰시면 됩니다. 인도네시아어로 '분' 은 **menit** [머닛]이라 하나 회화체에서는 '지나다' 라는 의미를 지닌 **lewat** [레왓]을 사용해서 '분' 을 표현합니다. 10시 5분이라면 **Sekarang jam sepuluh lewat lima.** [스까랑 잠 스뿔루 레왓 리마.] 이렇게요.
(**lewat** [레왓] 지나다/통과하다)

Sekarang jam satu.

[스까랑 잠 사뚜.] 지금은 1시입니다.

Sekarang jam delapan pagi.

[스까랑 잠 들라빤 빠기.] 지금은 오전 8시입니다.

Sekarang jam delapan malam.

[스까랑 잠 들라빤 말람.] 지금은 저녁 8시입니다.

Sekarang jam sembilan lewat lima.

[스까랑 잠 슴빌란 레왓 리마.] 지금은 9시 5분입니다.

쩸의 순서가 달라져요!

시간을 묻고 답할 때에의 **jam**과 소요시간을 말할 때의 **jam**은 차이가 있습니다. 각각의 경우 어순을 달리 말해야 합니다. 즉, '자카르타에서 서울까지 몇 시간 걸리나요?'라는 질문에서는 시간을 물을 때처럼 **jam berapa**가 아니라, **berapa jam**이라고 해야 하며, 7시간 걸린다는 대답 역시 **Jam 7.**가 아니라 **7 jam.**(이건 7시예요.)이라 해야 한다는 거지요. 문장 내 **jam**의 위치를 잘 염두에 두셔야 합니다.

(**jam berapa** [잠 버라빠] 몇 시, **berapa jam** [버라빠 잠] 몇 시간, **kira-kira** [끼라-끼라] 대략)

Berapa jam dari Jakarta ke Seoul?

[버라빠 잠 다리 자까르따 끄 서울?] 자카르타에서 서울까지 몇 시간 걸리나요?

It makes learning
a language fun and fast.

Kira-kira 7 jam.

[끼라-끼라 뚜주 잠.] 대략 7시간이요.

에구 번거로워라, 30분!

영어에서도 시간을 말할 때 15분은 **fifteen**과 함께 한 시간의 1/4이라 하여 **quarter**를 많이 사용하지요. 인도네시아에서도 마찬가지예요. 15분은 1/4이라는 뜻의 **seperempat** [스뻐르음빳]을 사용합니다. 7시 15분이라 할 때에는 **jam tujuh limabelas**라고도 할 수 있지만 **jam tujuh seperempat**이라는 표현도 자주 사용됩니다.
(**seperempat** [스뻐르음빳] 1/4(시간에서는 15분))

Sekarang jam lima seperempat sore.

[스까랑 잠 리마 스뻐르음빳 소레.]   지금은 오후 5시 15분입니다.

30분을 말하는 것은 시간을 말하는 것 중에서 가장 번거롭다고(?) 할 수 있습니다. 30분이라고 할 때에는 30인 **tiga puluh** [띠가 뿔루]를 쓰기 보다는 영어의 **half**에 해당하는 1/2이라는 의미의 **setengah** [스뜨ㅇ애]를 더 자주 사용합니다. **setengah**는 '하나'인 **satu**의 축약형 **se**와 '가운데'라는 **tengah**가 결합이 되어 1/2이라는 뜻이 된 단어에요. 30분은 한 시간의 가운데이므로 **setengah**라고 표현하는 것이지요.

159 Teach Yourself Languages

그런데 여기서 약간 헷갈리는 것은 시간을 먼저 말하지 않고 30분 즉, **setengah**를 먼저 쓰고 시간을 쓰는 것인데, 더욱 번거롭다 함은 그 시간에 +1 을 한다는 것이지요. 예를 들어 1시 30분일 때, **setengah** 하고 1시이지만 +1 을 하여 2시를 써야 합니다. **Sekarang jam setengah dua!** [스까랑 잠 스뜨ㅇ 아 두아!] 이렇게 해야 1시 30분이 됩니다. (왜 이렇게 하는지는 나중에 인도네 시아어를 잘하게 되면 꼭 인도네시아 사람에게 물어봐 주십시오. 저 역시 매우 궁금합니다.···;)

(**setengah** [스뜨ㅇ아] 1/2(시간에서는 30분))

Sekarang jam setengah dua.

[스까랑 잠 스뜨ㅇ아 두아.] 지금은 1시 반입니다.

Sekarang jam setengah sepuluh.

[스까랑 잠 스뜨ㅇ아 스뿔루.] 지금은 9시 반입니다.

보통 이 표현에 익숙하지 않아 여러 번 고생하지요. 특히 전화 상으로 시간 약 속을 할 때 친구가 **Kita bertemu jam setengah sepuluh.** [끼따 버르뜨무 잠 스뜨ㅇ아 스뿔루.] ('우리 9시 반에 만나!'라는 의미입니다.) 하고 끊어버리면 황당합니다. 머리 속으로 아직 **setengah**만 생각하고 있는데 친구는 벌써 전 화를 끊어버렸네요. 10시 30분이라는 건지, 9시 30분이라는 건지... **sepuluh**를 언뜻 들은 걸로 봐서는 10시 30분인 것 같기도 하고... 정말 헷갈리는 표현이 아닐 수 없지요. 어쩝니까? 고생 좀 해야지요.

Easy It makes learning a language fun and fast.

Fun It makes learning a language fun and fast.

Quick It makes learning a language fun and fast.

It makes learning
a language fun and fast.

정시에 가까운 시간을 말할 때에는 '~시 ~분 전' 이라고 흔히 하지요.
인도네시아어로는 **kurang**을 써서 나타냅니다. 그래서 1시 5분 전이란 말을 할
때에는 **jam satu kurang lima**라고 하지요. **kurang**은 셈에서 마이너스를 의
미합니다. 즉, 1시 빼기 5분이라는 표현이 되겠지요.
(**kurang** [꾸랑] 부족한)

Sekarang jam satu kurang lima.

[스까랑 잠 사뚜 꾸랑 리마.] 지금은 1시 5분 전이야.

Sekarang jam sepuluh kurang sepuluh.

[스까랑 잠 스뿔루 꾸랑 스뿔루.] 지금은 10시 10분 전이야.

Easy
It makes learning
a language fun and fast.

Fun
It makes learning
a language fun and fast.

Quick
It makes learning
a language fun and fast.

019

토요일 밤에 약속 있어?
그럼 일요일 밤은?
Ada acara Malam Minggu?
Bagaimana malam Senin?
[아다 아짜라 말람 밍구? 바게이마나 말람 스닌?]
요일, 날짜, 계절

요일, 날짜, 계절 등은 일상생활과 밀접한 관계가 있는 표현들이지요.
지루한 느낌이 없지 않지만 일단 한번에 알고 넘어가는 것이 좋을 것 같아
한자리에 집합시켰습니다. 작업의 완성을 위해서도 꼭 필요한 표현이랍니다.

Fun
It makes learning
a language fun and fast.

토요일은 밤이 좋아~! 말람 밍구!

말람 밍구, **Malam Minggu!** '토요일 밤' 이라는 말입니다. 토요일 밤, 말람 밍구는 인도네시아 사람들이 일주일 중에 가장 좋아하는 날로 시내 곳곳 어디서건 왁작지글 몰려서 노는 모습을 볼 수 있지요. 가족과 함께 외식을 하거나 미혼의 남녀들은 당근 오붓하게 데이트하고요. 친구들끼리 카페를 옮겨 다니며 차를 마시고 늦은 밤까지 수다를 떨기도 합니다. 생활이 넉넉하지 않은 사람들도 말람 밍구를 그냥 지나쳐 버리지는 않습니다. 오토바이 한 대에 온 가족이 타고 나와 야시장을 구경하며 유명한 튀김집에 들려 외식을 한답니다.

자, 그런데 말람 밍구를 보시곤 **malam** [말람]은 '밤' 이라는 뜻인데, 그럼 **Minggu** [밍구]가 '토요일' 인가? 이렇게 생각하셨나요? 땡! 아닙니다. **Minggu** 는 '일요일' 이에요. 인도네시아어에선 말람이 앞에 오면 전날 밤을 의미한답니다. (참고로 아침 **pagi**, 점심 **siang**, 오후 **sore**는 그렇게 사용되지 않습니다.) 그래서 **Malam Minggu**는 토요일 밤이 되는 것입니다. 또한, 일요일의 **Minggu**는 보통명사로 주(週), **week**를 의미하기도 하므로, 소문자로 쓰인 **minggu**는 '주' 로 해석해야 합니다. 일요일을 제외한 나머지 요일들은 인도네시아어로 어떤 이름을 가지고 있을까요?

hari Senin
[하리 스닌] 월요일

hari Selasa
[하리 슬라사] 화요일

hari Rabu
[하리 라뷔] 수요일

hari Kamis
[하리 까미스] 목요일

hari Jumat
[하리 주맷] 금요일

hari Sabtu
[하리 삽뚜] 토요일

Easy
It makes learning
a language fun and fast.

Fun
It makes learning
a language fun and fast.

Quick
It makes learning
a language fun and fast.

hari [하리]는 일(日), 또는 요일을 말합니다.
인도네시아어에서 어제는 kemarin [끄마린],
내일은 besok [베속]이라는 이름을 각각 가지고
있는데, 오늘만은 hari ini [하리 이니] (이 날)
이라 합니다. '이 날' 을 '오늘' 의 이름으로

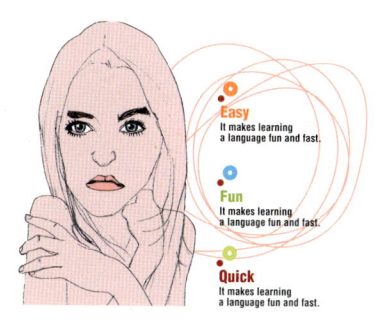

쓰다니 특이하지요? 그럼 '오늘은 무슨 요일이지?' 는 인도네시아어로 어떻게
할까요? 일단 요일의 이름을 물어보는 것이니 의문사는 apa를 써야겠지요?

Hari ini hari apa?

[하리 이니 하리 아빠?] 오늘은 무슨 요일입니까?

맘에 드는 인도네시아 여자친구를 사귀셨나요? 그럼 Malam Minggu를 함께
보내야지요. 인도네시아에 오셨는데 토요일 밤의 열기도 경험을 하셔야 되지
않겠습니까? 바로 작업 들어가세요, 이렇게요!
(ada [아다] ~이 있다, acara [아짜라] 계획 / 행사)

Ada acara Malam Minggu?

[아다 아짜라 말람 밍구?] 토요일 밤에 약속 있어?

우리말 '약속' 은 인도네시아어로는 janji [잔지]입니다. 그런데 잔지는 그야말
로 '약속' 입니다. 즉, 언제 어디에서 만나는 약속, 늦지 않겠다는 약속 등의 말
을 할 때의 약속이지요. 언제 약속 있냐는 상대방의 스케줄을 조사(?)할 때에는
acara [아짜라]를 쓰는 것이 좋습니다. 원래 acara는 '행사, 의식' 이란 말이니
거창하게 말하면 상대방의 행사를 알고 싶은 것이지요. ada [아다]는 '~이 있
다' 의 뜻을 가진 동사이고요.

요즘은 토요일에 쉬는 곳이 많아졌으니 어쩌면 금요일 밤이 더 뜨겁지(?) 않을까 하는 생각을 하실지도 모르겠습니다. 그런데 금요일은 이슬람교도인에게는 회교사원에 가는 날이라서 그런지 인도네시아에서는 금요일 밤보다는 **Malam Minggu**의 분위기가 더 뜨겁답니다. (**janji** [잔지] 약속)

무심히 흐르는 계절, **musim**!

우리에게는 봄, 여름, 가을, 겨울이 당연한 것이지만 인도네시아 사람들에게는 신기한 일이지요. 그래서 '한국은 지금 무슨 계절이니?' **Sekarang musim apa di Korea?** [스까랑 무심 아빠 디 꼬레아]라는 질문을 종종 받게 됩니다. 더욱이 겨울에 대해서는 한 번도 추위를 경험해보지 못했기 때문에 말해줘도 상상을 못합니다. 특히 '눈'에 대해서는 그 신비감이 더하지요.

인도네시아의 기후는 일년 내내 더운 여름 날씨입니다. 그렇다고 계절, **musim** [무심]이 없지는 않아요. 건기와 우기로 나뉘는데 보통 우리나라가 가을, 겨울일 때 인도네시아는 우기이고, 우리가 봄, 여름일 때 인도네시아는 건기에 해당하지요. 우기라 해서 몇 달이고 비만 내리고 건기라 해서 내내 햇볕이 쨍쨍한 것은 아니지만, 우기에는 습하고 더우며 건기는 건조하면서 덥습니다. 개인적인 취향이겠으나 인도네시아를 여행할 것이라면 우기보다는 건기를 추천하고 싶습니다. 우기에는 아무래도 물이 더 좋지 않고, 병치레를 자주하게 되거든요.

(**musim** [무심] 계절, **musim kemarau** [무심 꺼마라우] 건기, **dan** [단] 그리고, **musim hujan** [무심 후잔] 우기)

Sekarang musim apa di Korea?

[스까랑 무심 아빠 디 꼬레아?] 한국은 지금 무슨 계절입니까?

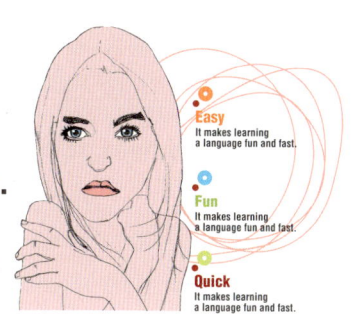

Di Indonesia ada dua musim, musim kemarau dan musim hujan.

[디 인도네시아 아다 두아 무심, 무심 끄마라우 단 무심 후잔.]
인도네시아에는 건기와 우기, 두 계절이 있습니다.

Easy
It makes learning
a language fun and fast.

Fun
It makes learning
a language fun and fast.

Quick
It makes learning
a language fun and fast.

Quick
It makes learning
a language fun and fast.

생일이 언제야?

인도네시아어에서 연도(年), 월(月), 일(日)을 말할 때에는 우리말과는 정반대로 일, 월, 연도 순으로 말합니다. 먼저 월(月)을 보면, 영어와 철자가 비슷해서 서구의 영향을 받아 사용하고 있다는 것을 알 수 있습니다. 영어의 월(月)을 인도네시아어로 발음 나는 대로 쓴다 생각하시면서 읽어보시지요.

bulan Januari
[불란 자누아리] 1월

bulan Februari
[불란 페브루아리] 2월

bulan Maret
[불란 마렛] 3월

bulan April
[불란 아쁘릴] 4월

bulan Mei
[불란 메이] 5월

bulan Juni
[불란 주니] 6월

bulan Juli
[불란 줄리] 7월

bulan Agustus
[불란 아구스뚜스] 8월

bulan September
[불란 셉뗌버르] 9월

bulan Oktober
[불란 옥또버르] 10월

bulan November
[불란 노벰버르] 11월

bulan Desember
[불란 디셈버르] 12월

반복되는 **bulan** [불란]은 월(月)이라는 단어예요. 월을 물을 때에도 의문사 **apa** [아빠]를 씁니다. 그런데 날짜는 다르지요. 숫자와 관련되어 있으니 **berapa** [버라빠]를 사용해야 합니다. 날짜, 영어의 **date**에 해당하는 인도네시아어는 **tanggal** [땅갈]이라고 합니다. 연도의 경우에는 연(年)에 해당하는 **tahun** [따운]을 쓰고 해당연도를 쓰시면 됩니다. 연도를 물을 때에는 어느 의문사를 써야 할까요? 이 또한 숫자가 나오니 **berapa**로 물어야겠지요. (**bulan** [불란] 월, **tanggal** [땅갈] 날짜, **tahun** [따운] 연도)

Sekarang tahun berapa?
[스까랑 따운 버라빠?] 지금 몇 년도인가요?

인도네시아 사람들은 상대방의 생일을 태어난 날짜로 물어볼 때가 많답니다. 우리는 보통 '생일이 언제야?'라고 묻지만 인도네시아 친구들은 이렇게 묻는다는 것이지요. (**kapan** [까빤] 언제, **tanggal lahir** [땅갈 라히르] 태어난 날짜/생일)

Kapan tanggal lahirmu?
[까빤 땅갈 라히르무?] 네 생일은 언제니?

tanggal [땅갈]은 '날짜'이고 **lahir** [라히르]는 '태어나다'라는 의미를 가지고 있습니다. 그러니 **tanggal lahir** [땅갈 라히르]는 태어난 날짜 즉 '생일'을 뜻하는 것입니다. 참, 인도네시아에서 문서를 작성할 때 생년월일을 적는 곳에 **tanggal lahir**라고 써 있답니다. 그러니 꼭 알아둬야 할 표현이겠지요?

 **Easy** It makes learning a language fun and fast.

 **Fun** It makes learning a language fun and fast.

 **Quick** It makes learning a language fun and fast.

Quick
It makes learning
a language fun and fast.

실례지만, 나이가...?

공적인 자리이거나 초면의 경우, 나이나 결혼 여부를 묻는 것은 실례가 될 수 있습니다. 프라이버시잖아요. 그런데 인도네시아 사람들에게는 이러한 질문이 실례가 되기는커녕 무지 좋아라 합니다. 따라서 현지인들은 초면임에도 불구하고 나이는 몇 살인지, 결혼을 했는지, 아이는 몇 명인지 등을 흔히 묻습니다. 그러니 현지인들을 만나면 나이, 결혼 여부, 가족 관계를 거침없이 물어보세요. 아, 특히 상대방의 나이를 듣고 흠칫 놀란 표정을 짓는 것을 잊지 마세요. 젊어 보인다는 말을 듣는 것을 매우 좋아한답니다. 아무리 예상했던 대로 보이거나 심지어 그보다 열 살은 많아 보인다 하여도 표정관리 잘 하십시오. 관계에 허물이 생기느냐 없어지느냐가 결정됩니다! (*···*)

자, 연도를 나타내는 **tahun** [따훈]은 나이를 말할 때의 '~세', '~살' 이라는 표현으로도 사용됩니다. 상대방의 나이를 물을 때에는 역시 숫자와 관련이 있으므로 **berapa**로 묻지요. 나이는 **umur** [우무르]라 합니다. 따라서 '당신의 나이는 몇인가요?' 는 **Berapa umur Anda?**라고 말하며 대답은 가령 서른 살이라고 하면 **Umur saya tiga puluh tahun.**이라 합니다.
(**tahun** [따훈] 연도/~세, **umur** [우무르] 나이, **kelihatan** [끌리하딴] (~처럼) 보이다, **muda** [무다] 젊은, **sekali** [스깔리] 매우)

169 Teach Yourself Languages

Berapa umur Anda?
[버라빠 우무르 안다?] 당신은 몇 살입니까?

Umur saya tiga puluh tahun.
[우무르 사야 띠가 뿔루 따훈.] 제 나이는 서른 살입니다.

Wah, Anda kelihatan muda sekali!
[와, 안다 끌리하딴 무다 스깔리!] 와, 엄청 젊어 보이시는데요.

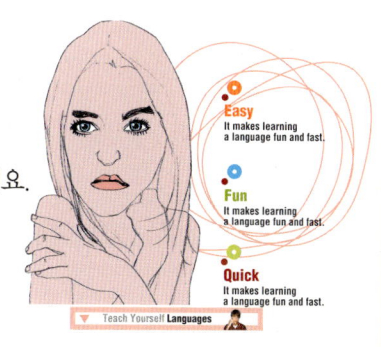

Easy
It makes learning
a language fun and fast.

Fun
It makes learning
a language fun and fast.

Quick
It makes learning
a language fun and fast.

▼ Teach Yourself **Languages**

020

 Easy
It makes learning
a language fun and fast.

 Fun
It makes learning
a language fun and fast.

 Quick
It makes learning
a language fun and fast.

화장실은 어디에 있어요?
오른편에 있어요.
Kamar kecil ada di mana?
Ada di sebelah kanan.
[까마르 끄찔 아다 디 마나? 아다 디 스벌라 까난.]
방향과 위치를 나타내는 표현

화장실이 어디냐고 물었더니 곧장 가다가
오른쪽으로 돌면 왼쪽에 있다고 하는군요.
목숨이 걸린 큰일이니 귀를 쫑긋 세우고 들어야겠습니다.
사물의 위치와 방향을 말하는 표현을 만나보겠습니다.

Teach Yourself **Languages**

Take the Pleasure of Learning! It makes learning a language fun and fast.

화장실은 아무리 커도 언제나 작은 방이에요!

인도네시아어로 '화장실' 이라는 단어는 좀 재미있습니다.
kamar kecil [까마르 끄찔]이라 하지요.
kamar는 '방' 이고 **kecil**은 '작은' 이므로 '작은 방' 이라는 뜻입니다.
아무리 화장실이 좀 작다 하나 작은방이라 부르다니, 재미있는 표현이지요? 까마르 끄찔을 두고, 인도네시아 사람들의 체면과 겉치레를 중시하는 성향과 더불어 이들이 좋아하는 완곡어법의 결정체라고 말하는 사람도 있습니다. 실제로 공공장소에서 화장실은 또일렛 **Toilet**이라 쓰여 있습니다. 그러나 대화 중에 또일렛에 간다고 말하면 불편한 모양인지 대부분의 인도네시아 사람들은 까마르 끄찔에 간다고 양해를 구하지요. 까마르 끄찔로도 불편하여 '뒤' **belakang** [블라깡]에 갔다 오겠다고 하는 경우도 다반사입니다. 같은 언어를 사용한다고 볼 수 있는 말레이시아에서 화장실을 찾지 못해 까마르 끄찔이 어디에 있냐고 물으면 얼마나 작은 방을 찾냐고 고개를 갸우뚱거린다고 하네요. (보너스!! 말레이시아에서는 화장실을 **Tandas** [딴다스]라고 합니다) 화장실이라는 단어에서 인도네시아 문화의 한 면을 볼 수 있다 하겠습니다. 아무튼 화장실은 아무리 커도 인도네시아에선 무조건 작은 방, **kamar kecil**입니다.
자, 작은 방 '화장실은 어디에 있나요?' 를 물어볼까요?
(**kamar** [까마르] 방, **kecil** [끄찔] 작다)

Kamar kecil ada di mana?

[까마르 끄찔 아다 디 마나?]   화장실은 어디에 있나요?

인도네시아어로 '~에 있다' 라는 표현을 할 때에는 **ada** [아다]라는 동사를 사용합니다. 회화체나 간단한 표현에서는 흔히 생략되기도 하지요. 따라서 위 예문에서 **ada**를 쏙 빼고 **Kamar kecil di mana?**라고만 해도 됩니다. 그런데 모든 층마다 화장실이 있으리라는 법은 없습니다. 화장실은 여러분이 있는 층을 쏙 빼고 그 위층에 있을 수도 아래층에 있을 수도 있는 것이요. 그렇다면 위와 아래에 대한 표현을 알아야겠지요? 먼저 인도네시아어로 위치와 방향을 말하고자 할 때에는 '주요 전치사 3인방' 을 다시 불러모아야 합니다. 주요 전치사 3인방이라 함은 바로 장소를 묻는 의문사에 나왔던 '**di** [디] (~에), **ke** [끄] (~로), **dari** [다리] (~로부터)' 이지요. 그리고 '위' 는 **atas** [아따스], '아래' 는 **bawah** [바와]라 합니다. 따라서 '위에, 아래에, 위로, 아래로' 등의 표현을 하기 위해서는 전치사 3인방과 잘 붙여 쓰시면 되겠지요. 바로 이렇게요. (**atas** [아따스] 위, **bawah** [바와] 아래)

di atas
[디 아따스] 위에

ke atas
[끄 아따스] 위로

dari atas
[다리 아따스] 위에서부터

di bawah
[디 바와] 아래에

ke bawah
[끄 바와] 아래로

dari bawah
[다리 바와] 아래에서부터

그럼 이젠 장소를 나타내는 전치사구를 사용하여 문장을 만들어 보겠습니다. 화장실이 하필 여러분이 있는 층만 쏙 빼고 있을 경우를 대비해서 이런 표현을 익혀보는 건 어떨까요?

Kamar kecil ada di atas / bawah.
[까마르 끄찔 아다 디 아따스/바와.] 화장실은 위/아래에 있어요.

위층, 아래층 할 때에 '층' 에 해당하는 말은 보통 **lantai** [란따이]를 씁니다. 그런데 우리나라에서의 1층은 인도네시아에서는 **lantai dasar** [란따이 다사르]라고 합니다. 새로 지은 쇼핑몰에서는 **lobi**나 **ground**라고 표시하고요. 그 다음 층이 1층이지요. 누군가를 1층에서 만나기로 했다면 꼭 확인을 하셔야 서로 다른 곳에서 기다리는 일이 없겠지요. 아예 약속장소를 항상 2층으로 잡는 것도 좋은 방법입니다. (·０·)

(**lantai** [란따이] 층, **dasar** [다사르] 기본)

 **Easy** It makes learning a language fun and fast.

 **Fun** It makes learning a language fun and fast.

 **Quick** It makes learning a language fun and fast.

위층에 있건 아래층에 있건 화장실을 찾기 위해선 방향을 알아야 하겠습니다. 오른쪽과 왼쪽을 말할 때에는 각각 **sebelah kanan** [스벌라 까난]과 **sebelah kiri** [스벌라 끼리]를 씁니다. **kanan** [까난]과 **kiri** [끼리]는 각각 '오른', '왼' 이라는 의미만을 가지고 있으므로, '쪽', '편' 을 말하는 **sebelah** [스벌라]와 함께 쓰면 '오른편', '왼편' 이라는 표현이 완성되지요. (**sebelah** [스벌라] 쪽/편 **kanan** [까난] 오른, **kiri** [끼리] 왼)

Kamar kecil ada di sebelah kanan.

[까마르 끄찔 아다 디 스벌라 까난.] 화장실은 오른편에 있습니다.

쭉 가다가 좌회전하세요!

길을 가르쳐달라 하면 흔히들 우회전, 좌회전이라는 말을 씁니다. 길을 물었더니 '쭉 가다가 우회전하시고요. 또 곧장 가다가 좌회전 하세요!' 라고 하는군요. 헉!! 암호를 해독해보겠습니다. 우선 동사는 '돌다, 회전하다' 라는 뜻의 **belok** [벨록]을 사용하시고요, 또 방향을 나타내는 표현을 연결하여 말합니다. 즉 우회전은 **belok kanan** [벨록 까난], 좌회전은 **belok kiri** [벨록 끼리]라 하면 되지요. 이런 표현에서 '쪽', '편' 을 말하는 **sebelah** [스벌라]는 생략됩니다. 곧장 가라는 말은 **berjalan lurus** [버르잘란 루루스]이고요.

아, 그리고 '유턴을 하다' 라는 표현은 **putar balik** [뿌따르 발릭]이라고 해요. **putar**는 '돌다, 회전하다' 그리고 **balik**은 '돌아가다' 라는 뜻으로 두 단어를 함께 써야 '유턴하다' 라는 의미가 됩니다. 깜빡 잊고 **putar**라고만 하면 운전기사는 똑 같은 장소만 뱅뱅 돌지도 몰라요. (·0·)
(**belok** [벨록] 돌다/방향을 바꾸다, **berjalan** [버르잘란] 걷다, **lurus** [루루스] 곧장, 똑바로, **putar balik** [뿌따르 발릭] 유턴하다)

Belok kanan.
[벨록 까난.] 오른쪽으로 돌다.

Belok kiri.
[벨록 끼리.] 왼쪽으로 돌다.

Berjalan lurus.
[버르잘란 루루스.] 직진하다.

Putar balik.
[뿌따르 발릭.] 유턴하다.

우리는 버스를 타고 가다가 내릴 때가 되면 벨을 누릅니다.
인도네시아에서는 버스를 타고 가다가 내려야 할 정거장이 다가오면 '세워 주세요.' 라고 외쳐야 합니다. 영어의 **stop**에 해당하는 인도네시아어는 **berhenti** [버르흔띠]인데, 이렇게 외치면 무슨 일이라도 난 줄 알고 당장 버스를 '끼익' 하고 세울지도 모릅니다. 버스에서 내리고자 할 때에는 '왼쪽으로' 라는 의미로 **Kiri!** [끼리!] 하고 외쳐야 정거장에 세워줍니다. (인도네시아에서 차의 운전석은 오른쪽에 있고, 차선도 우리나라와 반대입니다.)

달리는 차를 길가에 붙여야 내리지 않겠습니까? 자, 하차지점이 다가오면 큰 소리로 외치세요, '왼쪽으로~! Kiri!!

여기, 저기, 거기

인도네시아어로 가까운 곳을 나타내는 '여기' 는 sini [시니], 조금 멀리 떨어진 곳인 '저기' 는 sana [사나], 불명확하고 막연한 '거기' 를 말하고자 할 때에는 situ [시뚜]를 씁니다. 각각의 단어에 전치사를 붙여 원하는 표현을 만들어 보세요. 이왕이면 간단한 문장을 만들어 볼까요? (sini [시니] 여기, datang [다땅] 오다, sana [사나] 저기, pergi [뻐르기] 가다, situ [시뚜] 거기)

Aku ada di sini.
[아꾸 아다 디 시니.] 나 여기에 있어.

Dia datang dari sana.
[디아 다땅 다리 사나.] 그 사람 저기에서 오던 걸.

Mereka pergi ke situ.
[머레까 뻐르기 끄 시뚜.] 그들은 거기로 갔어요.

TPL ^L^ Take the Pleasure of Learning! It makes learning a language fun and fast.

  Easy
It makes learning
a language fun and fast.

  **Fun**
It makes learning
a language fun and fast.

 Quick
It makes learning
a language fun and fast.

021

사랑해!
널 위해 준비했어.
Aku cinta padamu.
Ini untukmu.
[아꾸 찐따 빠다무. 이니 운뚝무.]
전치사

조사가 따로 없는 인도네시아어에서는
전치사가 우리말의 조사와 같습니다.
자, 그럼 인도네시아어의 전치사를 한번 '조사' 해볼까요?

사랑해요!

외국어를 배우기 시작하는 단계에서 보통 사랑을 고백하는 표현을 가장 궁금해하지요. 여러분 역시 '사랑해!'를 인도네시아어로 어떻게 말하는지 많이 궁금하셨지요? 자, 그럼 기다리고 기다리시던 표현을 알려드릴게요. 짜잔! '널 사랑해.' 라는 말은 인도네시아어로 **Aku cinta padamu.** [아꾸 찐따 빠다무.]라고 합니다. 사랑해~! **Aku cinta padamu!** 헐! 이라고요? 제가 우려했던 대로 반응이 좋지 않군요. 바로 **cinta**의 발음 때문이겠지요. 하지만 그만큼 기억하기도 외우기도 쉽다는 장점이 있답니다! 다시 한번 보다 감미롭고 부드럽게 말해 보도록 할까요? **Aku cinta padamu!!** **Aku**는 '나' 이고 **cinta**는 '사랑하다' 라는 동사. 그렇다면 **padamu**는? 여기서 **padamu**는 **pada**와 **kamu**가 만나 축약된 형태로 이때의 **pada**는 '을/를', 즉 목적격 조사 역할을 하는 전치사랍니다. 인도네시아어에서 목적격 조사를 쓰는 일은 흔치 않은 일인데, 하필 사랑한다는 말에 들어가서 저로 하여금 설명하기 곤란하게 하는군요. (··;)
(**cinta** [찐따] 사랑하다, **pada** [빠다] 을/를(목적격 조사 역할을 하는 전치사))

Aku cinta padamu.

[아꾸 찐따 빠다무.] 난 널 사랑해.

'사랑한다' 라는 의미의 동사 **cinta** 말고도, 인도네시아어로 사람을 대상으로 감정을 표현하는 동사를 사용할 경우 전치사 **pada**의 도움을 받아야 합니다. 그러니 누군가를 좋아해서 그리워하게 되고 때론 그리움이 지나쳐 미워하고 그러다 보니 증오하게 된다면(에구! 무서운 표현이네요. ··;;), '빠다' 와 아주 친해지셔야 한답니다.

Easy
It makes learning
a language fun and fast.

Fun
It makes learning
a language fun and fast.

Quick
It makes learning
a language fun and fast.

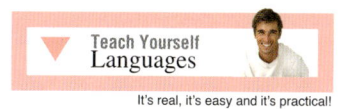

(**suka** [수까] 좋아하다, **rindu** [린두] 그리워하다, **padanya** [빠다냐] 그녀를)

Dia suka padamu.
[디아 수까 빠다무.] 걔가 널 좋아해.

Kami rindu padanya.
[까미 린두 빠다냐.] 우리는 그녀가 그리워요.

이외에 전치사 **pada** [빠다는 시간을 나타내는 모든 표현 앞에 쓰입니다. 가령 1시에, 월요일에, 2009년에 등 시간을 나타내는 말 앞에 쓰여 '~에' 라는 뜻을 덧붙여 주는 것이지요. 예를 들면 인도네시아의 아주 유명한 동요 하나가 이런 가사로 시작된답니다. 자, 한번 불러보실까요? 음을 몰라서 힘드시다고요? 저런 그렇다면 저 혼자 불러 보겠습니다. (·0·)

(**hari Minggu** [하리 밍구] 일요일, **ayahku** [아야꾸] 나의 아빠, **pergi** [뻐르기] 가다, **ke** [끄] ~에/로, **kota** [꼬따] 도시/시내)

Pada hari Minggu ayahku pergi ke kota.
[빠다 하리 밍구 아야꾸 뻐르기 끄 꼬따.] 일요일에 우리 아빠는 시내에 갔지요.

널 위해 준비했어.

여친에게 **Aku cinta padamu.**라고 해보셨나요? 입술을 쭉 내밀면서?

그녀의 반응이 어떻던가요? 짐작이 가고도 남습니다. 기가 막히다는 웃음을 지었겠지요. 인도네시아 사람이 아니라면 인도네시아어로 사랑 고백을 했다간 '장난' 인 줄 알 겁니다. (··;;) '뭐, 찐따라고?' 하며 킥킥 웃어버려 분위기가 단박에 깨질지도 모르지요. 그럼 이건 어떨까요? 여자친구에게 줄 선물을 내밀면서 '널 위해 준비했어.', '이니 운뚝무!' (untuk [운뚝] ~위해서)

Ini untukmu!

[이니 운뚝무!] 이건 널 위한 거야!

'~를 위하여', 영어의 **for**에 해당하는 전치사는 **untuk** [운뚝]을 씁니다. '너를 위해' 라면 **untuk kamu**인데 **padamu**의 경우처럼 축약이 되어 쓰이지요. 이 정도면 여자친구의 마음이 풀어질 것입니다. 물론 인도네시아어 때문이 아니라 선물 때문이겠지만요. 아, 선물! 요거 인도네시아 친구들이 무지 좋아하는 거랍니다. 여행이나 출장을 다녀왔을 때 혹은 오랜만에 고향을 다녀왔을 때, 친구를 위해서 토산품이나 기념품을 선물로 주는 것이 이들의 문화이지요. 선물을 뜻하는 인도네시아어는 **oleh-oleh** [올레-올레]라고 하는데요, 바로 간단한 선물을 주고 받는 것을 즐겨 하는 이들의 문화가 '올레-올레 문화' 라는 것을 기억해주세요. 자, 그 동안 인도네시아 생활에 잘 적응할 수 있도록 도와준 당신의 현지인 친구에게 한국에서 가져온 꼭두각시 인형을 선물로 주면서 이렇게 말씀해보시면 어떨까요?

(**oleh-oleh** [올레-올레] 선물, **kenang-kenangan** [끄낭-끄낭안] 추억/기념품)

Untuk kenang-kenangan saja.

[운뚝 끄낭-끄낭안 사자.] 그냥 기념(추억)으로 생각해 줘.

Easy
It makes learning
a language fun and fast.

Fun
It makes learning
a language fun and fast.

Quick
It makes learning
a language fun and fast.

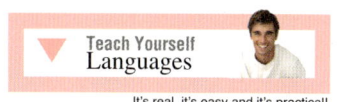

Untuk은 '~위해서' 이고 **kenang-kenangan**이란 '추억' 이라는 의미를 가진 단어로 '기념품' 을 뜻하기도 합니다. 그렇다면 **saja** [사자는? 호랑이가 아닌 사자, **saja**는 단독적으로 쓰이기보단 대부분 어떤 표현의 뒤에 붙여 그 표현이 가진 뜻을 강조해주는 기능을 하는 단어입니다. 인도네시아 사람은 호랑이가 아닌 '사자' 를 좋아하나봐요. 말끝에 자주 붙여 사용하거든요. 자, 친구에게 작은 선물을 전해줄 때 위의 예문처럼 말해주세요. '별거 아니고, 그냥 기념 삼으라고…' 라는 의미에요.

완소녀에게...

러브레터, 인도네시아어로는 **surat cinta** [수랏 찐따]라고 합니다.
사랑 고백은 뭐니뭐니해도 러브레터 아니겠습니까?*··*
자, 나의 완전 소중한 '완소녀' 에게라, 우선 인도네시아어로 '누구누구에게', 즉 영어의 **to**에 해당하는 전치사를 알아야겠네요. 이럴 땐 **kepada** [끄빠다]를 사용합니다. 사람 앞에만 쓰이는 전치사이지요. 함께 곧잘 쓰이는 '~로부터' 는 당연히 **dari** [다리]이고요. 그러니 완소녀에게 쓰는 러브레터는 **kepada**로 시작하시면 되고요. 봉투에는 한국에서 온 '완소남으로부터' 라는 의미로 먼저 **dari**를 쓰시고 그 다음엔 당연히 당신의 이름을 써 넣으시면 됩니다. (·0·)

그런데 편지를 쓸 때, 이런 표현 자주 하지요. '가족에게 내 안부를 전해줘!' 이럴 때 '가족에게' 라는 표현을 위해서 또 **kepada**를 사용하겠지요. 이런 경우에 '안부' 는 인도네시아어로 **salam** [살람]이라고 표현합니다.
(**sampaikan** [삼빠이깐] 전하다, **salam** [살람] 인사/평화, **keluarga** [껠루아르가] 가족)

Sampaikan salam saya kepada keluargamu.

[삼빠이깐 살람 사야 끄빠다 껄루아르가무.] 너희 가족에게 내 안부를 전해줘.

살람... '인사' 혹은 '평화' 라는 예쁜 단어입니다. 친구 사이, 친한 사이라면 편지를 쓰고 나서 마지막으로 보낸 이의 이름을 쓸 때 인도네시아 사람들은 **Salam saya** [살람 사야]를 사인과 함께 씁니다. salam 참 부드럽고 예쁜 말이지요. 자, 그건 그렇고 당신의 편지가 완소녀에게 도착하면, 누군가 봉투를 보고 이렇게 외치겠지요. (**teman** [뜨만] 친구)

Ada surat cinta dari teman Korea.

[아다 수랏 찐따 다리 뜨만 꼬레아.] 한국인 친구로부터 연애 편지가 와 있네요.

실례합니다만, 질문 좀…

화장실이 어딘지 모를 때에는 그저 물어보는 수밖에 없습니다. 그런데 다짜고짜 화장실이...? 어느 길로...? 뭔가 빠지지 않았나요? 바로 상대방에게 '뭘 좀 여쭈어봐도 될까요?' 라는 질문을 잊었습니다. 길을 묻기 전에는 물론이고 대화 중에 질문할 것이 있을 때 바로 물어보기보단 질문에 대한 허락을 구하는 것이 좋겠지요. 이럴 땐 인도네시아어로 **Boleh saya bertanya?** [볼레 사야 버르따냐]라고 합니다. **boleh** [볼레]는 허락의 조동사이고 **bertanya** [버르따냐]는 '질문하다' 라는 동사이지요. **Boleh saya bertanya?** 를 말하기 전에 '실례

Easy
It makes learning
a language fun and fast.

Fun
It makes learning
a language fun and fast.

Quick
It makes learning
a language fun and fast.

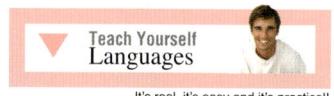

It's real, it's easy and it's practical!

합니다' 라는 의미의 **permisi** [뻐르미시]를 잊지 않고 말한다면 더욱 좋겠습니다. '실례합니다만, 좀 여쭈어봐도 될까요?' 라고요.

이런 질문에는 보통 '물론' 이라는 대답을 듣지요. 마찬가지로 여러분에 대해 많은 것을 궁금해하는 인도네시아 사람에게도 할 수 있는 대답이고요. '물론이지.' 는 **Tentu saja.** [떤뚜 사자.]라 합니다. **tentu**는 '물론' 이라는 말이고요, 인도네시아 사람들이 호랑이보다 좋아하는 '사자' 가 또 등장했네요.

사자가 함께 잘 다니는 친구가 또 있는데 바로 **hanya** [하냐, '오직, 단지' 라는 부사예요. 혹 당신이 별말 없이 아주 조용히 가마니만 쓰고 있으면 인도네시아 친구는 이런 말을 하지요. **Kamu hanya diam saja.** [까무 하냐 디암 사자.] **diam** [디암]은 '가마니' 가 아니라 '조용한' 이라는 말입니다. (·0·) 바로 '넌 그저 잠자코 있냐' 는 표현이지요.

(**boleh** [볼레] ~해도 될까요?, **bertanya** [버르따냐] 질문하다, **permisi** [뻐르미시] 실례합니다, **tentu saja** [떤뚜 사자] 물론이다, **hanya ~ saja** [하냐 ~ 사자] 오직 ~만이다, **diam** [디암] 조용하다/말 없이 있다)

185 Teach Yourself Languages

Boleh saya bertanya?

[볼레 사야 버르따냐?] 질문 좀 해도 될까요?

Tentu saja.

[떤뚜 사자.] 물론이지요.

186 Teach Yourself Languages

022
삼발이 매울까, 고추장이 매울까?
삼발이 더 매워요.
Sambal lebih pedas daripada gochujang.

[삼발 르비 빠다스 다리빠다 고추장.]

동급, 비교급, 최상급 배우기

 **Easy**
It makes learning
a language fun and fast.

 **Fun**
It makes learning
a language fun and fast.

 **Quick**
It makes learning
a language fun and fast.

'내가 인도네시아어로 비교할 일이 있겠어?' 천만에요. 우리는 은연중에 비교를 많이 합니다. 비교급을 알아두시면 실전 인도네시아어에서 아주 유용하게 쓰게 됩니다. 주위에 탁월한 능력을 가진 인도네시아 친구가 있다면 최상급으로 칭찬도 해주시고요. '넌 최고야' 하면서요.

자카르타는 서울만큼 복잡해요!

인도네시아의 수도 자카르타는 서울만큼 복잡한 곳입니다.
더구나 자카르타에는 지하철이 없어서 출퇴근 시간에는 엄청난 교통체증을
겪어야 하고요. 인도네시아 친구가 만나기로 한 약속시간보다 훌쩍 지난 시
간에 나타나면서 **Gara-gara macet!** [가라-가라 마쩻!](교통체증 때문에)라
고 말한다면 할 말이 없습니다. 악명 높은 자카르타의 교통체증, 도로 정체
를 모르는 게 아니거든요. 서울만큼 복잡한 자카르타! 인도네시아어로 어떻
게 표현할까요? (**gara-gara** [가라-가라] ~탓에/~때문에, **macet** [마쩻] 차가 막히
는(교통체증), **sama** [사마] 같은, **ramai** [라마이/라메이] 혼잡한, **dengan** [등안] ~
와 함께)

Jakarta sama ramai dengan Seoul.

[자까르따 사마 라마이 등안 서울.] 자카르타는 서울만큼 혼잡하다.

Jakarta seramai Seoul.

[자까르따 스라마이 서울.] 자카르타는 서울만큼 혼잡하다.

자카르타의 물가, 만만치 않습니다!

'**A**는 **B**만큼 ~하다.' 처럼 동급을 표현하기 위해서는 '**A** + **sama** + 형용사 +
dengan + **B**', 또는 '**A** + **se** 형용사 + **B**' 의 공식 두 가지 중 어느 것을 사용
해도 상관없습니다.

 **Easy** It makes learning a language fun and fast.  **Fun** It makes learning a language fun and fast.  **Quick** It makes learning a language fun and fast.

It makes learning a language fun and fast.
● Take the Pleasure of Learning!

It makes learning
a language fun and fast.

It's real, it's easy and it's practical!

22

It's real, it's easy and it's practical!

sama는 '같은' 즉, 영어의 **same**과 같은 뜻의 단어이고 '하나' 의 **satu**와 같은 축약형 **se**를 가지고 있습니다. 따라서 동급의 표현뿐만 아니라 'A **sama dengan B**.' 라 말하면 'A와 B가 똑같다.' 라는 의미가 되지요. 이렇게 써 놓고 보니까 무슨 수학공식 같은데요. 자, 그럼 이 공식에 새로운 단어들을 첨가해서 다른 동급의 표현을 만들어 볼까요?

인도네시아에서 물건을 살 때, 어떤 계산법을 사용하시나요? 물건의 가격을 보면서 인도네시아의 화폐, **rupiah** [루삐아]을 머리 속으로 재빨리 계산하지요. '이게 한국 돈으로는 얼만거여?' 처음엔 달러 환율에 대한 한화, 달러 환율에 대한 루삐아를 생각하면서 계산하다가 슬슬 머리가 아프면 에라 모르겠다, 하면서 루삐아로 표시된 가격에서 맨 끝에 붙은 영을 하나 빼버리는 '날림 방법'을 택합니다. (아, 저만 그런가요! ‥;;) 그러다 보니 지갑에서 술술 돈이 나가기 시작하지요. 그리곤 금새 이런 생각이 듭니다. '자카르타 물가는 서울만큼 비싸구나!' 물가는 인도네시아어로 **harga barang** [하르가 바랑]이라고 합니다. **harga**는 가격을 의미하고 **barang**은 물건을 의미하니 **harga barang**은 물건의 가격 즉 '물가' 를 뜻하는 것이지요. 인도네시아어로 '비싸다' 는 **mahal** [마할]이라고 하고요. 자, 새로운 단어들을 동급 비교 공식에 넣어 보겠습니다. (**harga barang** [하르가 바랑] 물가, **di** [디] ~에, **mahal** [마할] 비싸다, **umur** [우무르] 나이)

Harga barang di Jakarta sama mahal dengan harga barang di Seoul.

[하르가 바랑 디 자까르따 사마 마할 등안 하르가 바랑 디 서울.]
자카르타 물가는 한국만큼 비쌉니다.

동급의 표현은 형용사 없이도 가능합니다. 예를 들어 현지인 친구와 여러분의 나이가 같다면 '우린 동갑이네요.' 하면서 반가움을 표하세요. 이 역시 동급의 표현입니다. **A sama dengan B!** 'A와 B는 같다!' 가 되겠습니다.

Umur saya sama dengan umur Anda.

[우무르 사야 사마 등안 우무르 안다.] 제 나이가 당신의 나이와 같군요.

고추장보다 삼발이 더 매워요!

인도네시아 음식의 양념 중에 **sambal** [삼발]이라는 것이 있습니다. 우리만큼 매콤한 맛을 즐기는 인도네시아 사람들은 **sambal**을 매우 좋아하는데 파는 것도 있지만 우리의 고추장처럼 집에서 담가 먹기도 합니다. 우리가 '누구 집 고추장이 더 맛있네.' 하면서 자랑하는 것처럼 인도네시아 사람의 집에 가면 자신의 집 삼발이 맛있다며 자랑으로 내놓는 것도 종종 볼 수가 있어요. 그렇다면 삼발이 매울까요? 고추장이 매울까요? 개인적으로 전 삼발이 고추장보다 더 맵다고 생각합니다. 인도네시아어로 말해 볼까요?
(**lebih** [르비] 더 ~하다, **pedas** [빠다스] 매운, **daripada** [다리빠다] ~ 보다)

Sambal lebih pedas daripada gochujang.

[삼발 르비 빠다스 다리빠다 고추장.] 삼발은 고추장보다 더 맵습니다.

이처럼 'A가 B보다 더 ~하다' 즉, A와 B의 우등비교를 나타내고자 할 때는 'A + **lebih** + 형용사 + **daripada** + B'의 공식을 사용하시면 됩니다. **lebih** [르비]는 '더 ~하다'라는 의미로 형용사 앞에 사용하고 **daripada** [다리빠다]는 '~보다'라는 뜻이니 비교대상의 앞에 위치합니다. 인도네시아에 오셨으니 삼발의 매운 맛도 좀 보시지요.

 **Easy** It makes learning a language fun and fast.  **Fun** It makes learning a language fun and fast.  **Quick** It makes learning a language fun and fast.

190 Teach Yourself Languages

인도네시아 여자들이 참 예쁘지요? 쌍꺼풀이 진 큰 눈이며 긴 속눈썹. 까무잡 잡하여 예쁘고 섹시해 보이기까지 합니다. 그래서 지나가는 여자를 보면서 '와, 저 여자 완소녀다!' 라고 말했지요. **Wah, wanita itu cantik!** [와, 와니따 이뚜 짠띠ㄱ!] 그랬더니 친구가 어깨를 으쓱거리며 말합니다. '내 여자친구는 쟤보다 더 예뻐!' (**pacar** [빠짜르] 애인, **cantik** [짠띠ㄱ] 예쁜)

Pacarku lebih cantik daripada dia.

[빠짜르꾸 르비 짠띠ㄱ 다리빠다 디아.] 내 애인은 그녀보다 더 예뻐.

넌 짱이야!

하나를 말해도 열까지 알아듣는 친구. 게다가 그 친구가 멋진 성격에 좋은 매너까지 가졌다면, 당연 '넌 최고야!' 라는 칭찬을 날리셔야지요. 최상급을 사용해서 친구에게 마구마구 칭찬을 하세요. 넌 젤로 영리해! 넌 젤 성격이 좋아! 넌 젤로 예뻐! 그래서 넌 짱이야!!
(**terbaik** [떠르바익] 가장 좋은(최상급 표현))

Kamu terbaik!

[까무 떠르바익!] 넌 최고야!

'대단하다!' 이를테면 엄지손가락을 쑥 들어 올리며 '최고' 라는 표현을 할 때에는 **hebat**이라는 표현을 사용하기도 합니다. **Kamu hebat!** [까무 헤밧!] 하면 '넌 킹왕짱이야!' 라는 표현이 되는 것이지요. 이에 비해 위의 표현 **Kamu terbaik!**은 '네가 제일 잘했어!' 라는 표현이 될 수도 있습니다. '좋은' 이라는 의미를 가진 형용사 **baik**에 ter-를 붙이면 '가장 좋은' 즉, 베스트가 되거든요. 이처럼 인도네시아어로 최상급을 만드는 방법 중에 형용사 앞에 **ter-**를 붙이는 방법이 있습니다.

그 외에 최상급 '가장 ~한' 을 나타낼 때에는 해당 형용사 앞에 '가장' 이라는 의미인 **paling** [빨링]을 넣는 것이 개인적으로 전 '가장 쉬운' 방법이라고 생각합니다. 아름다운 해변과 이국적인 힌두 사원을 가진 발리 섬을 두고 인도네시아에서 가장 아름다운 섬이라고 말하더군요. 이렇게요!

(**hebat** [헤밧] 굉장한/대단한, **pulau** [뿔라우] 섬, **paling** [빨링] 가장 ~한(최상급 표현), **indah** [인다] 아름다운)

Pulau Bali paling indah di Indonesia.

[뿔라우 발리 빨링 인다 디 인도네시아.]

발리 섬이 인도네시아에서 가장 아름답습니다.

너의 능력을 보여줘!

최상급의 **paling** [빨링]을 소개하다 보니 우리말의 '빨리' 가 연상되는군요. 인도네시아 사람들이 한국 사람들에게 붙여준 별명이 하나 있습니다. 바로 '빨리빨리!' 한국인이라고 소개하면 인도네시아 사람은 '아, 빨리빨리?' 하고 한국어로 말할지도 모릅니다. 온화하고 느긋한 성향을 가진 인도네시아 사람이 민첩하고 재빠르기로 소문난 한국인에게서 그만큼 '빨리빨리' 라는 서두름을 많이 당한 것이지요. 인도네시아어로 '빨리빨리' 는 **cepat-cepat** [쯔빳-쯔빳]이라고 합니다. 당연 한국 사람들이 애용하는 단어겠지요? 그런데 약간 표현을 바꾸어 성미 급한 한국인의 이미지를 바꿔보는 것은 어떨까요? 인도네시아어로 좀 서둘러 달라고 말하고 싶을 땐 '가능한 빨리' 라는 의미로 **secepat-mungkin** [스쯔빳-뭉낀]이라 해보세요. **cepat-cepat**보다는 완곡해서 듣기 좋은 말이랍니다.

(**cepat-cepat** [쯔빳-쯔빳] 빨리 빨리)

Secepat-mungkin!

[스쯔빳-뭉낀!] 가능한 빨리요!

Easy
It makes learning
a language fun and fast.

Fun
It makes learning
a language fun and fast.

Quick
It makes learning
a language fun and fast.

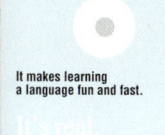

It makes learning a language fun and fast.
● Take the Pleasure of Learning!

22

인도네시아어로 'se + 형용사 + mungkin' 은 '가능한 ~하게' 라는 표현이 됩니다. 영어의 **as ~ as possible**에 해당하는 표현인 셈이지요. 완곡한 방법으로 확실하게 의사전달이 가능한 만능 표현 중의 하나랍니다. 시장에 가서 이 만능표현을 한번 애교 있게 사용해보시면 어떨까요? '아줌마, 많이많이 주세요!' 이럴 땐 위의 공식에 '많은' 의 뜻을 가진 **banyak**을 넣어 주세요.

Sebanyak-mungkin!

[스바냑-뭉낀!] 가능한 많이요!

충분한 능력을 가진 친구가 오늘은 조금 자신 없어 보이기도 하고, '음... 할 수 있을까?' 하면서 해야 할 일을 앞에 두고 망설이고 있다면 이렇게 응원해주시면 어떨까요? 당신의 능력을 보여주세요! 위의 공식을 약간 변형해서 '~할 수 있다' 에 해당하는 조동사 **bisa**를 넣으시면 됩니다.

Sebisanya!

[스비사냐!] 할 수 있는 만큼 해! (최대한의 능력을 발휘해줘!)

자, 이 짧은 단어가 친구의 어깨에 힘을 팍팍 실어줄 겁니다.
당신의 친구가 벌써 불끈불끈 힘이 솟구치는 것이 제 눈에 보이는데요. 아싸!

023
발리에 가봤니?
아직…
Pernah ke Bali?
Belum…

[빠르나 끄 발리? 벌룸…]
조동사

여러분은 지금까지 알게 모르게
여러 개의 조동사를 이미 섭렵하셨습니다.
이제는 그 동안 마주쳤던 조동사들을
알짜로 짝악 간추려서 정리해볼게요.

Easy
It makes learning
a language fun and fast.

Fun
It makes learning
a language fun and fast.

Quick
It makes learning
a language fun and fast.

Teach Yourself
Languages

두리안을 먹어 보셨나요?

두리안, 혹 '들어보셨나요? **Pernah dengar?** [뻐르나 등아르?], '아직이라고요? **Belum?** [벌룸?] 두리안을 두고 열대과일의 '왕' 이라고 합니다. 이 과일의 이름이 두리안인 것은 껍질이 가시, **duri** [두리] 모양을 하고 있다 하여 **durian** [두리앤]이라 하네요. 인도네시아 사람들은 두리안을 무척 좋아합니다. 외국인들 중에서도 두리안 애호가들이 많고요. 근데 전 개인적으로 두리안이 '왕' 으로 불리는 까닭은 냄새, **bau** [바우]가 '왕' 이기 때문이 아닐까 생각합니다. 두리안 애호가님들께는 죄송한 표현이지만, 그 콤콤한 냄새가 시궁창 냄새 같기도 하고... 하여간 강한 냄새 때문에 두리안은 호텔이나 공항에는 반입불가이지요. 두리안이 있다면 전방 100미터 내에서는 그 냄새가 진동을 하는 걸요!

(pernah [뻐르나] ~해 본 적이 있다, dengar [등아르] 듣다, belum pernah [벌룸 뻐르나] ~해 본 적이 없다)

Saya pernah makan durian.

[사야 뻐르나 마깐 두리안.]

나는 두리안을 먹어본 적이 있습니다.

Saya belum pernah makan durian.

[사야 벌룸 뻐르나 마깐 두리안.]

나는 아직 두리안을 먹어본 적이 없습니다.

위 예문에서처럼 '~해 본 적이 있다' 라는 경험을 표현하고자 할 때에는 인도네시아어로는 **pernah** [뻐르내]를 사용합니다.

Easy
It makes learning
a language fun and fast.

Fun
It makes learning
a language fun and fast.

Quick
It makes learning
a language fun and fast.

Take the Pleasure of Learning! It makes learning a language fun and fast.

It makes learning a language fun and fast.

부정의 표현을 다시 한번 봐주시겠어요? '~해 본 적이 없다' 라는 표현을 할 경우에는 부정어 **tidak**을 사용하지 않고 '아직 ~하지 않은' 의 의미를 가진 **belum**을 사용합니다. **Tidak**을 사용하면 너무 단정적인 부정의 표현이 되어 버리기 때문이지요.

인도네시아어, 할 수 있다!

뭔가를 할 수 있다는 말만큼 우리에게 자신감을 주는 말이 어디 있을까요? 여러분도 할 수 있는 것이 하나 늘었지요? 그렇다면 바로 자랑하셔야지요. '나 인도네시아어 할 수 있어요.' 라고 큰 소리로 말해주세요.
(**berbicara** [버르비짜라] 말하다, **berbahasa** [버르바하사] ~언어를 말하다)

Saya bisa berbicara bahasa Indonesia.
[사야 비사 버르비짜라 바하사 인도네시아.]
나는 인도네시아어를 말할 수 있습니다.

Saya bisa berbahasa Indonesia.
[사야 비사 버르바하사 인도네시아.]
나는 인도네시아어를 말할 수 있습니다.

Teach Yourself Languages

아직 조금밖에 못 하신다고요?

겸손하시군요. 좋습니다. 그럼 뒤에 **sedikit** [스디낏]을 붙여 말하시면 됩니다.

sedikit [스디낏]은 '조금, 약간' 이라는 뜻입니다.

이젠 맘놓고 큰 소리로 하실 수 있겠지요? 자, 다시 한번!

Saya bisa berbahasa Indonesia sedikit.

[사야 비사 버르바하사 인도네시아 스디낏.]

난 인도네시아어를 조금 할 수 있습니다.

가능성을 나타내는 조동사 **bisa** [비사]가 회화체에서 '도와드릴까요?' 라는 표현에 사용됩니다. 두리번두리번 뭔가를 찾고 있는 여러분에게 누군가 친절하게 다가와 이렇게 묻지요. **Bisa dibantu?** [비사 디반뚜?] 우리말로 '도와드릴까요?' 에 해당하는 표현이랍니다. **dibantu** [디반뚜]란 '돕다' 의 **bantu** [반뚜]가 수동태로 쓰인 것이에요.

이처럼 인도네시아어로 수동태를 만들 땐 동사 원형 앞에 **di-**를 붙입니다. 인도네시아어에서는 상황에 따라 수동태가 온화하고 부드러운 느낌을 주기 때문에 많이 사용된답니다.

Bisa dibantu?

[비사 디반뚜?]

도와드릴까요?

  Easy It makes learning a language fun and fast.

 Fun It makes learning a language fun and fast.

 **Quick** It makes learning a language fun and fast.

Take the Pleasure of Learning! It makes learning a language fun and fast.

It makes learning a language
fun and fast.

띠닥 우사! 필요 없어요!

자카르타 공항에 도착했을 때, 짐을 들어 주겠다는 등 택시가 기다리고 있다는 등 달라붙는 사람이 있을 때 제가 어떤 말로 그들을 물리치라(?) 했는지 기억이 나세요? 단호하게 '띠닥우사!' 라고 말씀하시라 했지요. '필요 없어요!' 라는 말입니다.

인도네시아어에서 **perlu** [뻐를루]와 **usah** [우사]는 모두 '~할 필요가 있다' 라는 의미인데, **perlu**가 긍정, 부정에 다 쓰이는 반면 **usah**의 경우엔 부정문에서만 쓰입니다. 즉, '~할 필요가 없다' 는 말을 할 때에만 사용한다는 것이지요. 또 '~할 필요가 있다' 라는 의미의 **perlu**는 조동사로도 쓰이지만 '난 ~가 필요해.' 라는 표현에도 바로 쓸 수 있는 동사예요. 인도네시아 음식점에 가서 손으로 먹는 것이 영 내키지 않는다면 숟가락을 달라고 하세요. 말하지 않으면 뭐가 필요한지 모르잖아요.
(**sendok** [센독] 숟가락, **bekerja** [버꺼르자] 일하다, **besok** [베속] 내일)

Tidak usah.

[띠닥 우사.]
필요 없어요.

Anda tidak usah bekerja besok.

[안다 띠닥 우사 버꺼르자 베속.]

내일 일하실 필요 없어요.

Saya perlu sendok.

[사야 뻐를루 센독.]

난 숟가락이 필요해요.

해야 해! 해도 돼!

'반드시 ~해야 한다' 의 당연, 의무를 나타내는 조동사는 **harus** [하루스]를 씁니다. 그리고 '~해도 좋다' 라는 허락의 표현은 **boleh** [볼레]를 사용하고요. 의무와 허락의 조동사를 한데 묶어 소개하는 것은 이 둘 간의 긴밀한 관계 때문이랍니다.

자, 제가 문제를 내겠습니다. **harus** [하루스]가 들어간 문장을 부정문으로 고치려면 어떻게 해야 할까요? '해야 한다' 의 반대말은 '해서는 안 된다' 이지요. 그러니 **harus**의 반대표현은 허락을 하지 않는 의미로 **tidak boleh** [띠닥 볼레]를 쓰셔야합니다. (**mandi** [만디] 목욕하다, **masuk** [마숙] 들어오다, **kantor** [깐또르] 사무실, **belajar** [벌라자르] 공부하다)

Kamu harus mandi sekarang.

[까무 하루스 만디 스까랑.] 너, 지금 목욕해야 한다.

 **Easy** It makes learning a language fun and fast.

 **Fun** It makes learning a language fun and fast.

 **Quick** It makes learning a language fun and fast.

Take the Pleasure of Learning! It makes learning a language fun and fast.

It makes learning a language fun and fast.

Anda boleh masuk ke kantor saya.

[안다 볼레 마숙 끄 깐또르 사야.]

제 사무실에 들어와도 좋습니다.

Anda harus belajar bahasa Indonesia.

[안다 하루스 벌라자르 바하사 인도네시아.]

당신은 인도네시아어를 공부해야 합니다.

Anda tidak boleh belajar bahasa Indonesia.

[안다 띠닥 볼레 벌라자르 바하사 인도네시아.]

당신은 인도네시아어를 공부해서는 안 됩니다.

아, 예문이 쫌 그렇네요. 왜 안 됩니까? 공부하셔야지요. (·· ;)
예문을 다시 드리겠습니다.

Anda harus bekerja.

[안다 하루스 버꺼르자.]

당신은 일해야 합니다.

Anda tidak boleh bekerja.

[안다 띠닥 볼레 버꺼르자.]

당신은 일해서는 안 됩니다.

볼레! 볼레!

그런데 **boleh**의 쓰임은 다양합니다. '~해도 좋다' 라는 허락의 조동사 **boleh**
는 회화체에서 오케이급에 해당하는 대답으로 흔히 사용됩니다. 자, 이런 경우
가 있겠지요. 아무리 집에서 먹는 밥이 보약이라지만 매일 먹는 가정식이 좀
지겨울 때가 있지 않나요? 간만에 외식을 하고 싶어지는데요. 그럴 때 **Aku
mau makan di luar.** [아꾸 마우 마깐 디 루아르.] '나 외식하고 싶어.' 라고 말
합니다. 이에 대해 상대방이 '그거 괜찮네!' 하는 의미로 **Boleh!** [볼레!]라고 대
답하네요. 이건 상대방이 '내가 외식을 허락하노라!' 라고 말한 것이 아니라
'오케이!' 하며 당신의 제안을 받아 들였다는 의미입니다. 그런데요, 또 하나의
다양한 쓰임을 가진 조동사가 출현해서 그냥 넘어 갈 수가 없네요.

다름 아닌 **mau** [마우], 뭔가를 원하고 하고 싶을 때 사용하는 표현이지요. 그
런데 **mau**는 가까운 미래 시제를 표현할 때에도 쓰입니다. 앞에서 미래시제를
표현할 때에는 **akan** [아깐]를 사용한다고 말씀 드렸지요? 그런데 회화체에서
는 **mau**가 미래시제를 표현하는 것으로 종종 사용됩니다. 예를 들면 **Aku mau
pergi.** [아꾸 마우 뻐르기.]라는 표현을 볼까요? 이때에는 '나 외출하고 싶다.'
라는 의미보다는 '나 외출하려고 해.' 라는 의미로 보는 것이 적당합니다.
(**makan di luar** [마깐 디 루아르] 외식하다, **pergi** [뻐르기] 가다)

Aku mau makan di luar.
[아꾸 마우 마깐 디 루아르.] 나 외식하고 싶어.

Boleh!
[볼레!] 오케이! / 그거 좋네!

Aku mau pergi.
[아꾸 마우 뻐르기.] 나 외출할 거야.

Easy
It makes learning
a language fun and fast.

Fun
It makes learning
a language fun and fast.

Quick
It makes learning
a language fun and fast.

W Take the Pleasure of Learning!
It makes learning a language fun and fast.

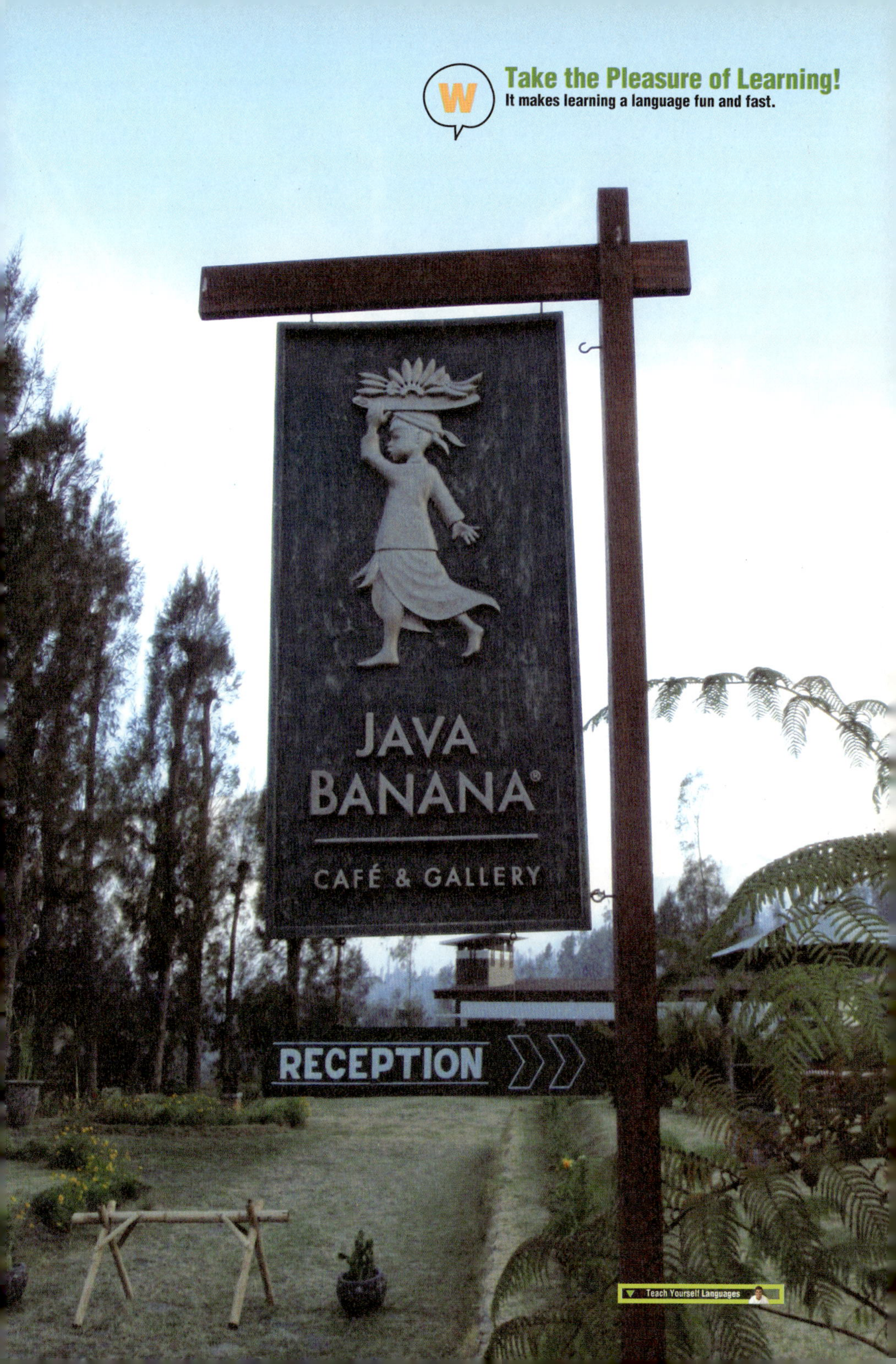
JAVA
BANANA®
CAFÉ & GALLERY
RECEPTION

Teach Yourself Languages

Easy
It makes learning
a language fun and fast.

Fun
It makes learning
a language fun and fast.

Quick
It makes learning
a language fun and fast.

024

나시고렝 주세요. 삼발도 주시고요.
Minta nasi goreng. Minta sambal juga.
[민따 나시 고렝. 민따 삼발 주가.]
요구와 사과의 표현

외국에 나갔을 때 반드시 경험하게 되는 것 중에 하나가 바로 현지음식이 아닐까요?
혹 머무는 내내 가지고 간 고추장만 먹을 것이 아니라면요.
자, 인도네시아 음식이 어떨지 궁금하지 않으세요?

▼ Teach Yourself! Languages

Take the Pleasure of Learning! It makes learning a language fun and fast.

인도네시아 음식의 대표주자!

인도네시아 음식점에 가서 메뉴판을 보면 항상 맨 위에 있는 것이 있습니다. **nasi goreng** [나시 고렝], 바로 볶음밥이지요. 또 우리나라 고추장처럼 매콤한 소스, **sambal** [삼발]. 한국 사람들이 외국에 여행 갈 때 고추장을 준비하는 것처럼 인도네시아 사람들에게는 삼발이 필수품입니다. 인도네시아 어느 식당에 가도 삼발은 꼭 있지요. 피자헛에도, 맥도날드에도. 외국인에게 우리나라 음식을 소개할 때 불고기와 김치가 빠지지 않고 나오는 것처럼 인도네시아 음식에서는 **nasi goreng**과 **sambal**이 그러합니다.

인도네시아의 음식은 향료를 많이 사용하고 주로 기름에 볶거나 튀긴 요리방식을 사용합니다. 열대 기후라서 음식이 쉽게 상하지 않게 하기 위해 그런 요리 방법이 발달한 것이지요. 혹시 음식 취향이 좀 까칠하신가요? 그래도 걱정 없습니다. 나시고렝은 대부분의 사람에게 거부감이 들지 않는 맛을 가지고 있습니다. 볶음면인 **mie goreng** [미 고렝]도 마찬가지이고요. **goreng** [고렝]은 기름으로 튀기거나 볶은 음식을 뜻합니다. 닭튀김은 **ayam goreng** [아얌 고렝]이라 하고요. 자, 현지식당에 가서 그 유명한 나시 고렝을 주문해 볼까요? (**mie** [미] 국수/면, **ayam** [아얌] 닭, **goreng** [고렝] (기름으로) 튀긴/볶은, **minta** [민따] 요구하다/부탁하다)

Minta nasi goreng.

[민따 나시 고렝.]
나시고렝 주세요.

인도네시아어로 **minta**는 '요구하다', '부탁하다' 라는 의미의 동사입니다. 그러니 요구나 부탁의 표현에 빠질 수 없는 간판 스타이지요. 요거 하나면 주어 없이 문두에 써서 간편하게 요구하고 부탁하는 표현을 만들 수 있습니다. 특히 음식점에서 뭐 달라는 요구의 말을 많이 하게 되지요? '물 주세요.', '메뉴판 주세요.', '많이 주세요.' (*··*) 인도네시아에서는 요구 사항이 추가됩니다. 바로 '계산서 주세요!' 한국에서는 식사를 마친 후에 나가면서 문 옆 계산대에서 직접 계산을 하지만, 인도네시아에서는 앉은 자리에서 계산서를 달라고 해서 계산을 합니다. 자, 이렇게요!
(**air** [아이르] 물, **menu** [메누] 메뉴판, **bon** [본] 계산서)

Minta air.
[민따 아이르.] 물 주세요.

Minta menu.
[민따 메누.] 메뉴판 주세요.

Minta bon.
[민따 본.] 계산서 주세요.

메뉴판을 보니 먹음직스러운 음식이 많은데 **nasi goreng**과 **mie goreng**을 제외하곤 발음하기가 영 힘드시다고요? 생소한 단어들이 너무 많아서 그런가 봅니다. 그럼 비장의 무기, **ini**와 **itu**를 사용하세요. 다른 테이블을 휙 둘러 보시며 이거, 저거, 맛있어 보이는 거 다 주문해보세요. **Minta ini!** '이거 주시고요!', **Minta itu!** '저것도 주세요!' 실패하면 어떻습니까? 맛없으면 다음엔 안 시키면 되지요. (·0·)

인도네시아어로 '음식' 은 **makanan** [마까난]이라 합니다.
어디서 많이 보던 단어이지요? '먹다' 의 **makan**에 접사 -**an**이 붙은 것이예요.
인도네시아어에서 명사형을 만드는 방법 중의 하나로 동사 뒤에 -**an**을 붙이는
방법이 있습니다. 그러면 음료는? 딩동댕! 맞습니다. '마시다' 의 **minum**에 -**an**
을 붙여 **minuman** [미누만]이라 하지요.

주문하신 나시고렝이 어떠셨어요? 음~ 만족하셨다고요.
그렇다면 이제부턴 만나는 현지인 친구들에게 이렇게 말씀하시면 되겠군요.
'난 인도네시아 음식을 좋아해요!
(**makanan** [마까난] 음식, **minuman** [미누만] 음료, **suka** [수까] 좋아하다)

Saya suka makanan Indonesia.

[사야 수까 마까난 인도네시아.] 난 인도네시아 음식을 좋아해요.

헉, 그런데 주문하신 음료가 너무 달다고요?
저런 제 경고를 잊으셨군요. **tanpa gula** [딴빠 굴라]라고 하셔야 했는데,
tambah gula [땀바 굴라]라고 하신 것 같아요. (··;)
(**terlalu** [떠르랄루] 너무, **manis** [마니스] 달다)

Minuman ini terlalu manis.

[미누만 이니 떠루랄루 마니스.] 이 음료는 너무 달아요.

Easy
It makes learning
a language fun and fast.

Fun
It makes learning
a language fun and fast.

Quick
It makes learning
a language fun and fast.

It's real, it's easy and it's practical!

기름진 음식에 속이 느끼하다면 **nasi putih** [나시 뿌띠]('하얀 밥' 이라는 말로 우리말의 공깃밥에 해당)를 시켜서 **sambal**과 함께 팍팍 비벼 드세요. **putih** [뿌띠]는 인도네시아어로 '색이 하얀' 이란 뜻으로 **nasih putih**란 하얀 밥, 즉 맨밥을 의미하지요. 그래도 매운 맛이 그리워지면 **cabe** [짜베]를 달라 하시고 요. **cabe**는 인도네시아의 고추로 한국의 고추보다 작지만 우습게 보면 큰일납 니다. 크기는 작아도 엄청 맵거든요. 작은 고추가 맵다는 말은 한국에서만 통 하는 것이 아닙니다. 자, 느끼한 속을 달래서야죠, 이렇게요!
(**nasi putih** [나시 뿌띠] 공깃밥/맨밥, **cabe** [짜베] 고추)

Minta nasi putih dan sambal.

[민따 나시 뿌띠 단 삼발.] 공깃밥이랑 삼발 주세요.

Minta cabe.

[민따 짜베.] 고추 주세요.

미안해요!

minta는 '주세요' 라는 요구의 표현뿐만 아니라 사과를 할 때에도 쓰입니다. 인도네시아어로 '미안합니다.' 는 **Minta maaf.** [민따 마앞.]이라 합니다. 보다 정중하게 '죄송합니다.' 는 **Mohon maaf.** [모혼 마앞.]이고요. 원래 **minta** [민 따]는 '요구하다' 라는 동사이고 **mohon** [모혼]은 '간청하다' 라는 뜻을 가지고 있습니다. 따라서 사과의 말에도 **minta**보다는 **mohon**이 보다 정중한 표현이 되는 것이지요.

간단하게 '미안' 하려면 **Maaf.** [마앞.] 하나만 써도 됩니다. 친한 사이라면
Maaf, ya! [마앞, 야!] 하며 끝을 살짝 올리시면 더 좋고요. 바로 애교 만점 사과
표현이 되겠습니다. 이처럼 긍정의 대답인 **ya**를 인도네시아 사람들은 문장의
끝에 붙여서도 잘 씁니다. 그래서 인도네시아어는 매우 애교 있게 들린답니다.
이처럼 애교 있는 사과를 하셨는데 응당 '괜찮습니다.' 라는 대답이 나오겠지
요. '괜찮습니다.' 는 **Tidak apa-apa.** [띠닥 아빠-아빠.]라고 합니다.
(**maaf** [마앞] 미안하다, **tidak** [띠닥] 아니다(부정어), **apa-apa** [아빠-아빠] 아무것
도)

Minta
maaf.

Mohon maaf.

[모혼 마앞.]

죄송합니다.

Minta maaf.

[민따 마앞.]

미안합니다.

Maaf.

[마앞.]

미안해.

Tidak apa-apa.

[띠닥 아빠-아빠.]

괜찮습니다.

025

도와줘요~!
문 좀 열어주세요!

Minta tolong!
Tolong buka pintu!

[민따 똘롱! 똘롱 부까 삔뚜!]
요구, 명령, 부탁의 표현

여러분의 인도네시아 생활을 위해
아주 중요한 두 명의 친구가 있습니다.
바로 가사 도우미와 운전 기사이지요.
인도네시아 생활의 행복지수라 할 만큼
중요한 이 두 친구에게 요구하고,
명령하고 부탁할 때 필요한 질문들이 있습니다.

 Easy
It makes learning
a language fun and fast.

 Fun
It makes learning
a language fun and fast.

 Quick
It makes learning
a language fun and fast.

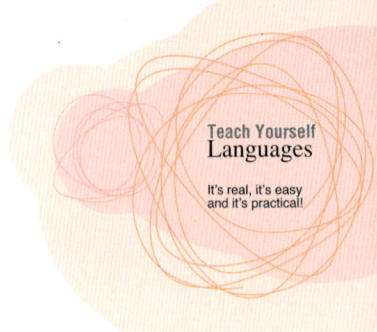

인도네시아 생활의 행복 지수, 가사 도우미와 운전 기사

한국에서라면 '가사 도우미'와 '운전 기사'라는 단어가 **TV** 드라마나 다른 별나라 이야기만큼 낯설게 느껴집니다. 그러나 인도네시아에서 이 단어는 엄연한 현실입니다. 인도네시아에 살게 되어 가장 좋은 점이 뭐냐고 대한민국 아줌마들에게 물어보면 대부분이 가사 도우미, **pembantu** [쁨반뚜]와 운전 기사, **sopir** [소삐르]가 있다는 것을 꼽지요. 우리나라에서는 가사 도우미가 경제적 상황에 따른 선택의 문제이지만, 인도네시아에서는 외국인들을 비롯하여 대부분의 중산층 현지인들의 가정에 쁨반뚜와 소삐르가 있습니다. 우리와는 다르게 인도네시아에는 유모와 식모, 기사의 문화가 깊게 자리잡고 있지요. 그런데 인도네시아에서 가장 힘든 일이 무엇이냐고 물어도 역시 이 두 친구들을 말하는 경우가 많습니다. 어찌된 일일까요? 대부분 한국에서 가사 도우미와 운전 기사를 고용한 경험이 없기 때문에 낯설고 당황스런 경우가 많을 테고 서로 문화가 다르니 갈등 또한 많다는 것을 의미합니다. 무엇보다 이 두 친구와의 관계가 힘들게 느껴지는 것에는 아직 익숙하지 않은 인도네시아어가 톡톡히 한 몫을 하는 게 아닐까 하는 생각도 드네요. 곰곰이 생각해보면 여러분의 인도네시아 생활에서 가장 가까이 있는 현지인이잖아요! 문제는 낯선 외국 생활과 외국어에 적응하기도 전에 바로 대면해야 하는 사람들이라는 것입니다. 중요한 이 두 친구들과의 관계를 원만하게 하는 팁스! 바르고 정확하게 여러분의 요구사항을 전달하는 것이지요. 자, 여러분의 인도네시아 생활의 행복 지수, 바로 이 두 친구들과의 관계에 달려 있습니다.

A Self Teaching Guide

Fun
It makes learning
a language fun and fast.

기다려! 돌아가!

인도네시아, 특히 자카르타에 산다면 직접 운전하는 것은 별로 권하고 싶지 않습니다. 자카르타의 교통 체증은 세계적으로 악명이 높은 수준이고, 시내 지리망 또한 쉽게 운전할 수 있는 상황을 만들어 주지 않습니다. 복잡한데다가 일방 통행로가 너무 많지요. 게다가 여기저기 쏙쏙 끼어드는 오토바이 무법자들 때문에 직접 운전하는 일은 위험합니다. 그래서 외국인들은 대개 운전 기사, **sopir** [소삐르]를 고용하죠.

운전 기사에게는 보통 어떤 지시를 할까요? 일단 차에 타세요. 자, 차에 타셨나요? 그럼 기사에게 어디로 가달라고 지시하셔야지요. 이때 동사는 생략하고 바로 장소 전치사 **ke**를 사용해서 가고자 하는 장소의 이름을 덧붙이면 됩니다. 참, 기사를 부를 때 '어이, 소삐르' 즉 '기사 양반' 하고 부르면 곤란합니다. 보통 남성을 부를 때 쓰이는 호칭, **Pak**을 사용하거든요.

(**kantor** [깐또르] 사무실, **tunggu** [뚱구] 기다리다, **sini** [시니] 여기, **pulang** [뿔랑] 귀가하다/돌아가다)

Pak, ke kantor.

[빡, 끄 깐또르.]
아저씨, 회사로 가주세요.

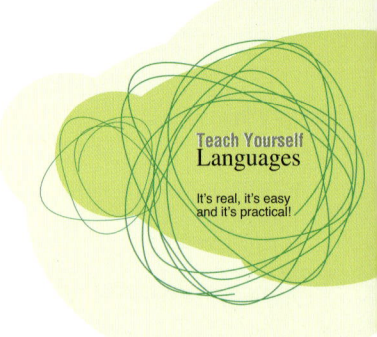
Teach Yourself
Languages
It's real, it's easy
and it's practical!

원하는 장소에 도착하셨나요?
그럼 일이 끝날 때까지 기다리라고 지시해야지요.

Pak, tunggu di sini.

[빡, 뚱구 디 시니.]
아저씨, 여기서 기다리세요.

아, 회식이 있으시다고요? 그럼 그만 돌아가라고 지시해야겠네요. 이렇게요.

Pak, pulang!

[빡, 뿔랑!]
아저씨, 퇴근하세요.

인도네시아어의 동사 중 **pulang** [뿔랑]은 효율적인 동사입니다.
'돌아가다' 라는 의미를 가진 동사인데 자세히 밝히자면 '원래의 곳으로 돌아
가다' 라는 의미를 가지고 있습니다. 우리가 원래 있는 곳이 어디입니까? 집이
지요. 그래서 **pulang**만 써도 '귀가하다' 라는 의미를 나타냅니다. 그러니 내
집으로 돌아간다고 해서 **Pulang ke rumah saya.** [뿔랑 끄 루마 사야.]라고는
하지 마세요. 매일 딴 집으로 귀가하다가 오늘만 내 집으로 간다는 의미가 아
니라면요. (··;)

자, 다른 단어 필요 없이 귀가하고 퇴근하고 일단 집으로 가는 건 **pulang** 하나
만 쓰면 되니 얼마나 효율적인 동사입니까?

Fun
It makes learning
a language fun and fast.

부탁해요~!

위의 명령문을 보면 문형이 참 단순하지요.

인도네시아어에서 명령은 동사 하나만 덩그러니 써도 됩니다.

그런데 이때 정말로 동사 하나만 달랑 쓰고 보니 상대방에게 너무 강렬한 명령 어조로 들리지 않을까 주저가 되실 수도 있지요. 목소리 톤이나 억양에 달려 있기는 하지만, 동사만 달랑 쓰면 강한 명령문이 되는 건 사실입니다. 보다 부드러운 어조로 명령을 하고 싶다면 **tolong** [똘롱]을 맨 앞에 사용해보세요. **tolong**은 원래 '도와주다' 라는 동사인데 명령문에 사용하면 아주 부드럽고 매너 있는 모드로 들립니다.

그럼, 여기서 기다리라는 지시를 부드럽게 다시 해볼까요?

(**buka** [부까] 열다, **pintu** [삔뚜] 문, **angkat** [앙깟] 들다, **bawakan** [바와깐] 가지고 오다/가지고 가다, **belanjaan** [블란자안] 시장 보따리/장본 물건)

Pak, tolong tunggu di sini.

[빡, 똘롱 뚱구 디 시니.]

아저씨, 여기서 기다려 주세요.

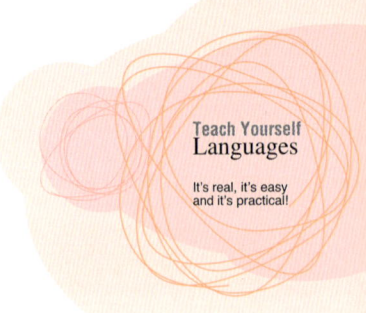

네, 아주 부드럽고 좋습니다.
분위기 좋을 때 꽉꽉 요구하세요.

Tolong buka pintu.

[똘롱 부까 삔뚜.]
문 좀 열어 주세요.

Tolong angkat ini.

[똘롱 앙깟 이니.] 이것 좀 들어 주세요.

Tolong bawakan belanjaan.

[똘롱 바와깐 블란자안.] 장본 것 좀 집으로 올려다 주세요.

어느 사모님께서 시내를 지나가다가 운전 기사에게
창문 좀 열어달라고 했습니다.
그런데 잠시 착오가 있었지요.
Tolong buka jendela!라고 해야 하는데 그만
Tolong buka celana!라고 하셨답니다.
헐!! **jendela** [쯘델라]는 '창문' 이고, **celana** [쯔르라나]는 '바지' 입니다.
발음이 비슷하지요? 그 지시를 받은 운전 기사가 얼굴이 새빨개졌습니다.
답답한 사모님은 이번엔 **tolong**을 빼고 아주 강렬한 어조로 **Buka celana!** 하
고 외쳤습니다. 운전 기사는 너무 당황스러워 그만 울어버렸다고 합니다. 자,
여러분은 **jendela**와 **celana**를 혼동하지 마세요.
(참고로, '창문 열어주세요.' 는 **Buka jendela!**입니다.
Buka celana!는 '바지 벗으세요.' 가 되는 것이지요. ‥;;)

Easy
It makes learning
a language fun and fast.

팍팍 청소좀 해주세요!

가사 도우미에게도 마찬가지입니다.
이런저런 지시를 할 때 **tolong**으로 시작하면 말하는 사람 좋고,
듣는 사람 좋고... 그야말로 누이 좋고 매부 좋고입니다.
집안이 엉망이라고요? 자, 그럼 팍팍 청소해 달라고 하세요.
(**bersihkan** [버르시깐] 청소하다, **cuci piring** [쭈찌 삐링] 설거지하다)

Tolong bersihkan rumah.

[똘롱 버르시깐 루마.]
집 청소좀 해줘요.

Tolong cuci piring sekarang.

[똘롱 쭈찌 삐링 스까랑.]
지금 설거지해줘요.

동사 **cuci** [쭈찌]는 물로 씻는 행위 일체를 다 표현할 때 쓰입니다.

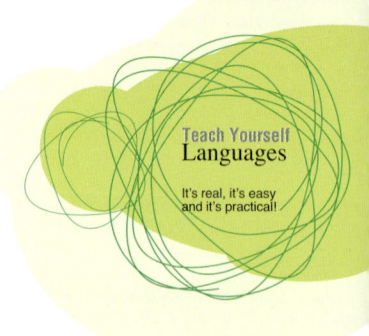

'설거지하다' 는 물로 접시, **piring** [삐링]을
씻는 것이니 **cuci piring**이라 하고,
'세탁하다' 역시 물로 옷, **baju** [바주]를 빼는 것이니
cuci baju라 하지요.

인도네시아어로 '세탁기' 는 **mesin cuci** [머신 쭈찌]라고 합니다. 이참에 물로
씻는 거 몽땅 다 해볼까요? '세수하다' 는 얼굴, **muka**를 넣어 **cuci muka** [쭈찌
무까], '머리 감다' 는 머리카락, **rambut**을 넣어 **cuci rambut** [쭈찌 람붓], '손
을 씻다' 는 손, **tangan**을 넣어 **cuci tangan** [쭈찌 땅안]이라고 합니다. 그러면
양치질하다는? 양치질할 때 물을 사용하는 것은 맞지만 이럴 때는 **gosok gigi**
[고속 기기]라 해요. 솔 등으로 문질러 닦는 것은 **gosok** [고속]을 사용한답니다.
gigi는 당근 '치아' 라는 뜻이고요.

아, 세탁기로 빨면 상하게 되는 옷은 손빨래하라고 해야지요. '손빨래하다' 는
손을 사용해서 빨래를 하는 것이니 **cuci pakai tangan** [쭈찌 빠까이 땅안]이
라고 합니다. **pakai**는 '사용하다' 라는 의미의 동사이고, **tangan**은 '손' 이지
요.
(**pakai** [빠까이] 사용하다, **tangan** [땅안] 손, **kalau** [깔라우] 만일, **sudah** [수다] 이미,
kering [끄링] 건조한/마른, **segera** [스거라] 즉시, **setrika** [스뜨리까] 다림질하다)

Tolong cuci baju ini pakai tangan.

[똘롱 쭈찌 바주 이니 빠까이 땅안.]
이 옷은 손빨래해주세요.

 **Easy** It makes learning a language fun and fast.
 **Fun** It makes learning a language fun and fast.
 **Quick** It makes learning a language fun and fast.

A Self Teaching Guide

참! 인도네시아는 습기가 많아 세탁물을 너무 오래 건조대에 두면 금방 눅눅해 집니다. 뽀송뽀송한 기분을 즐기시려면 세탁물이 마르거든 얼른 걷어서 다림 질 해달라고 하세요.

Kalau baju sudah kering, tolong segera setrika.

[깔라우 바주 수다 끄링, 똘롱 스거라 스뜨리까.]

세탁물이 다 마르거든 즉시 다림질 해주세요.

자, 이렇게 해서 여러분은 **tolong** 하나로 간편하게 명령문을 만들어 가사 도우 미와 운전 기사에게 부드럽고 듣기 좋은 지시를 하는 방법을 정복하셨습니다.

그리고 보너스‼

Tolong, dong! [똘롱, 동!] 이렇게만 말하면 우리말로 '도와줘잉~!' 이 됩니다. 이거 하나만 알아도 아쉬운 상황에서 부탁하기 좋은 효과 만빵의 표현이랍니 다.

Take the Pleasure of Learning!

It makes learning a language fun and fast.

Take the Pleasure of Learning!
It makes learning a language
fun and fast.

Teach Yourself **Languages**

Take the Pleasure of Learning!
It makes learning a language fun and fast.

Kemang Village

→

Sales Office

mes

Show Suites

ATM Center (Soon)

Kemang Village

Club Car

Kemang Village

Easy
It makes learning
a language fun and fast.

Fun
It makes learning
a language fun and fast.

Quick
It makes learning
a language fun and fast.

026

자, 먹자!
마시자!
Makan, yuk!
Ayo, minum!
[마깐, 육! 아요, 미눔!]
부정 명령문과 청유문

이제껏 공들여 쌓아온 인도네시아 친구들과의 우정.
뭘 제대로 알아야 권하고, 말리고, 또 때에 따라선 부추길 수 있습니다.
그렇지 않으면? 공든 탑이 와르르 무너지는 것이지요.
자, 예의가 철철 넘치는 표현으로 권하고, 말리고, 또 부추겨 볼까요?

Take the Pleasure of Learning! It makes learning a language fun and fast.

Teach Yourself Languages

 ## 진상으로 찍히면 곤란합니다!

인도네시아 사람들은 매사에 서두름이 없이
느긋하고 여유로운 성향을 가지고 있고
대부분이 온순한 성격의 소유자들입니다.

하지만, 한편으로는 자존심과 예의범절은 목숨 걸고 지키려는 경향이 있지요.
지금까지 공부해 오시면서 인도네시아어가 비교적 단순한 문법체계를 지니고
있어 단어만 웬만큼 알면 금새 짧은 문장의 회화가 가능하다는 것을 아셨을 텐
데요. 또, 생략되는 단어들이 많아서 간편했고요. 그런데 간편한 대화를 즐기
다가 예의범절까지 간편화하시면 곤란합니다. 인도네시아 사람은 예의 바름
을 중요하게 생각한다는 것을 꼭 알아두셔야 해요.

인도네시아어로 '예의 바르다' 는 말은 **sopan** [소빤]이라 하지요. 인도네시아
사람들이 중시하는 소빤과 관계되어 가장 좋아하는 단어는 **halus** [할루스]이
고, 반면 가장 싫어하는 단어는 **kasar** [까사르]입니다. **halus**란 '부드럽다, 섬
세하다' 는 말이지만 실은 그 이상을 내포하고 있습니다.

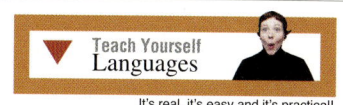
부드러운 천이나 섬세한 조각도 **halus**이고, 예의 바른 사람, 교양 있는 사람, 품위 있는 사람, 감정을 잘 절제하는 사람도 **halus**라고 합니다. '거칠다' 의 **kasar**는 그와는 대조적인 모든 것을 포함하는 말이지요. 정교하지 않은 세공 품을 두고도 **kasar**라고 하고, 예의를 모르거나 감정을 잘 억제하지 못하는 사 람도 **kasar**라 합니다. 그러니 관공서나 학교에서 또는 사업상의 일로 마주하 게 되는 사람을 두고는 가능한 예의를 지키는 표현을 하는 것이 좋습니다. **Orang kasar** [오랑 까사르]라고 찍히면 정말 곤란하죠. 그건 '저 사람 진상이 야!' 라는 말이 되거든요. (·0·)

예의 바른 표현의 지존!

그렇다면 예의를 지키는 표현은 어떻게 할 수 있을까요?
인도네시아어에서 매우 예의 바른 표현의 지존을 소개하겠습니다.
바로 **Silakan** [실라깐]이에요.
이 표현 하나로 여러분이 하는 모든 행동에 예의를 담을 수가 있습니다.
어떻게 사용하냐고요?
자, 당신을 찾아온 손님이 있습니다. 어서 들어 오라고 하셔야지요. 이렇게요.
(**silakan** [실라깐] ~하세요, **masuk** [마숙] 들어오다, **duduk** [두둑] 앉다)

Silakan masuk.

[실라깐 마숙.]
들어오세요.

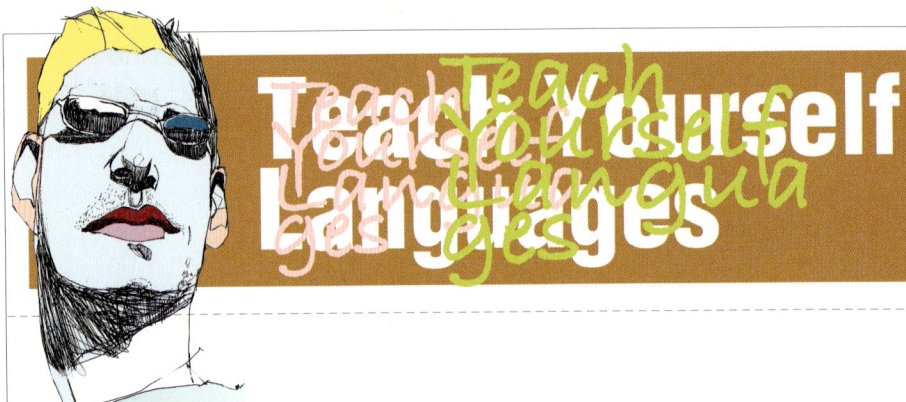

손님을 뻘쭘하게 세워 두면 안되지요. 얼른 앉으라고 권하시지요.

Silakan duduk.

[실라깐 두둑.]

앉으세요.

인도네시아 사람들은 한국 사람들처럼 손님이 오면 푸짐하게 한 상 차려 줍니다. 자, 손님이 왔으니 우리도 대접을 해야 할 텐데요. 음료수를 내놓는 것이 어떨까요? 아, 벌써 빵이나 과자도 준비하셨다고요? 역시 센스가 넘치십니다. 그럼 바로 권해주세요. 음료와 과자 등을 여러분의 예쁜 손으로 가리키면서요.

Silakan makan.

[실라깐 마깐.]

(음식을) 드시지요.

Silakan minum.

[실라깐 미눔.]

(음료를) 드시지요.

혹시 다 잊어버리셨다면 뭐든지 권할 때 꼬리를 화악 자르고 그냥 손을 내밀면서 '실라깐'이라고만 하세요. 충분히 예의를 다 하신 겁니다.

예의 바름을 중시하는 현지인들이 뭔가를 물을 때 이런 말로 시작할 때가 많다고 말씀드렸지요? 바로 **Boleh saya bertanya?** [볼레 사야 버르따냐?] (질문 좀 해도 될까요?)라는 뜻이에요. 그럴 땐 밋밋하게 긍정의 대답인 **ya** [야]보다는 **silakan**으로 대답하시면 **Boleh saya bertanya?**로 예의를 갖춘 현지인과 예의범절 대결에서 완승하시게 됩니다. (*···*)

자, 인도네시아 예의지존 **silakan**, 권할 때나 대답할 때나 아끼지 말고 팍팍 애용해주세요.

Boleh saya bertanya?

[볼레 사야 버르따냐?]

뭐 좀 여쭤봐도 될까요?

Silakan.

[실라깐.]

그럼요. (예의가 철철 넘치는 대답)

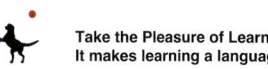

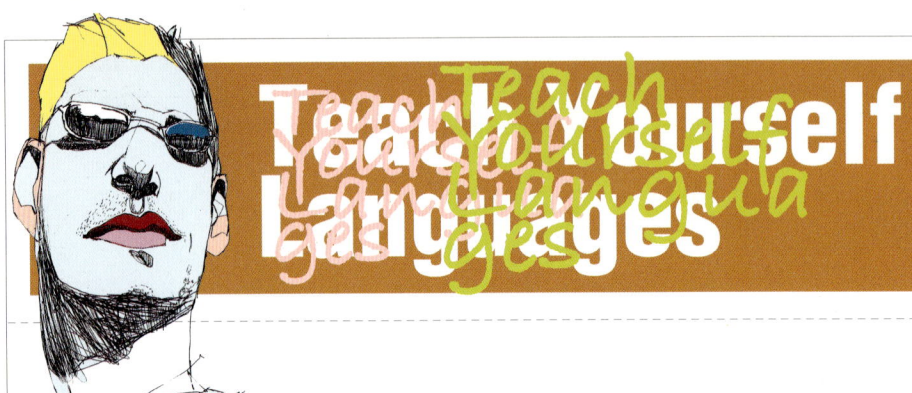

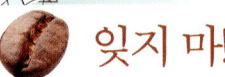 잊지 마!

예의범절도 중요하지만, 세계 나갈 때는 또 세계 나가야 합니다.
뭔가 해서는 안될 일이라면 '절대 안돼!' 하고 강하게 말씀하셔야지요.
인도네시아어로 '~하지 마, ~하지 마세요' 라는 표현을 할 때에는 문장 맨 앞
에 **Jangan**을 사용하시면 됩니다.
(**terlambat** [떠르람밧] 늦다/지각하다, **pergi** [뻐르기] 가다, **sekarang** [스까랑] 지금,
lupa [루빠] 잊다)

Jangan terlambat.
[장안 떠르람밧.]
늦지 마.

Jangan pergi sekarang.
[장안 뻐르기 스까랑.]
지금 가지 마.

Jangan lupa.
[장안 루빠.]
잊지 마.

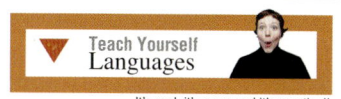
좀 더 예의 바른 표현이 없냐고요?

인도네시아 사람들이 예의범절에 목숨 건다는 제 말을 너무 귀담아 들으셨군요. 좋습니다. 그럼 명령을 부드럽게 해주었던 일등공신 **tolong**을 앞에 붙이세요. 충분히 예의 바르면서 또 충분히 부정명령 표현이 전달됩니다. **tolong**을 앞에 붙여서 이렇게 말씀해보세요. **Tolong jangan terlambat besok.** [똘롱 장안 떠르람밧 베속.] 내일 늦지 마세요!, **Tolong jangan lupa janji kita besok.** [똘롱 장안 루빠 잔지 끼따 베속.] 내일 우리 약속한 거 잊지 마세요! 상대방은 더 긴장해서 절대 늦지 않고, 절대 약속을 잊지 못할 걸요. (·0·)

 ## 아자아자 파이팅! 힘 내라 힘!

Jangan이 부정명령어라고는 하나, 늘 '~하지 마' 라는 부정적인 뉘앙스로만 쓰이는 것은 아닙니다. 풀이 죽어 있는 친구를 응원하고 격려하고 용기를 주는 따뜻함을 전달할 수도 있지요. 절망의 구렁텅이에 빠져 있는 현지인 친구가 있다면 따뜻하게 응원해주세요.

(**takut** [따꿋] 무서워하다/두려워하다, **gugup** [구굽] 긴장하다/망설이다, **menyerah** [머녀라] 포기하다)

Jangan takut.

[장안 따꿋.]

겁내지 마.

Jangan gugup.

[장안 구굽.]

긴장하지 마.

Jangan menyerah.

[장안 머녀라.]

포기하지 마.

자, 어떤가요? 다 똑같은 '~하지 마'의 **jangan**이지만 분위기가 화악 다르지요? 군이 말하지 않아도 앞의 세 예문 뒤엔 여러분의 마음 속에 있는 '넌 할 수 있어!', **Kamu bisa!**라는 격려와 응원이 담겨 있기 때문이지요.

 ## 자, 공부하자!

'자, ~하자!' 라는 영어의 **Let's**는 인도네시아어로 **Mari kita**라고 합니다.
Mari 하나만 쓰면 대화 상황에서 함께 무엇인가를 하자는 유도를 나타내고요.
영양가 있는 말, '공부하자!' 는 어떻게 말할까요?

(**mari kita** [마리 끼따] 자, 우리 ~하자, **belajar** [벌라자르] 공부하다, **bersama-sama** [버르사마-사마] 함께/다같이)

Mari kita belajar!

[마리 끼따 벌라자르!]

공부하자!

Mari kita pergi bersama-sama. Mari!

[마리 끼따 뻐르기 버르사마-사마. 마리!]

함께 가자. 자 ~!

함께 뭔가를 하자고 부추길 때 회화체에서는 **ayo** [아요]라는 말도 많이 씁니다. 친한 친구 사이나 스스럼없는 사이에는 뒤에 **yuk** [육](욕이 아닙니다. ··;) 을 붙인답니다.

Makan, yuk!

[마깐, 육!]

자, 밥 먹자!

Ayo, minum!

[아요, 미눔!]

자, 마시자!

뭐 마시는 거 좋아하는 우리가 요긴하게 쓸 수 있는 말이죠. (··)

Easy It makes learning a language fun and fast.

Fun It makes learning a language fun and fast.

Quick It makes learning a language fun and fast.

027

르바란 동안 어디로 놀러갈 거야? 고향 갈 건데.

Selama Lebaran mau ke mana? Aku mau pulang kampung.

[슬라마 르바란 마우 끄 마나? 아꾸 마우 뿔랑 깜뿡.]
접속사

236

Selama Lebaran mau ke mana?

Easy
It makes learning
a language fun and fast.

Fun
It makes learning
a language fun and fast.

Quick
It makes learning
a language fun and fast.

인도네시아 친구와 깊이 있는 대화를 나누고 싶으세요?
가능합니다. 사람을 마주하고 대화를 하면
비록 짧은 외국어 실력이라도 묘하게 서로 통하는 일이 생기지요.
그리고 여러분은 이미 많은 표현을 알고 계시답니다.
긴장을 풀고 편안한 마음으로 친구와 대화를 즐겨보세요.

▼ Teach Yourself **Languages**

Fun
It makes learning
a language fun and fast.

르바란 동안 뭘 할 거니?

인도네시아 사람에게 가장 긴 휴가는 르바란, **Lebaran**입니다.
이슬람 교도인들에게는 몇 가지 의무가 있는데 금식을 의미하는 **puasa** [뿌아사]가 그 중 하나입니다. 가난한 사람의 고통을 스스로 경험하기 위해 굶주림을 함께 나눈다는 의미이지요. 뿌아사의 기간은 한 달이며, 뿌아사를 하는 동안에는 해 뜨기 전 간단한 식사를 한 후로부터 해가 질 때까지 물 한 방울도 마셔서는 안됩니다. 금식 기간을 '라마단' 이라고 하는데요, 금식월인 라마단이 끝나면 르바란이 시작됩니다. 르바란에는 전 인도네시아가 들썩거립니다. 원래 르바란 공식 휴일은 이틀이지만, 실제적으로 직장인들이나 학생들은 열흘 정도의 긴 휴가 및 방학을 갖기 때문이지요. 특히 직장인들은 연중 가장 두둑한 보너스를 받습니다. 그럼 모두 '고향 가자!' 입니다. 긴 휴가를 얻은 인도네시아 사람들은 새 옷을 사 입고 고향에 갑니다. 그런데 요즘은 고향보다는 여행을 선호하는 추세더군요. 한국도 그렇지 않은가요? 설 연휴, 추석 연휴에 여행객들로 공항이 붐비는 것처럼 인도네시아에서도 르바란을 겨냥하여 각종 여행상품들이 쏟아져 나옵니다.

자, 르바란이 멀지 않았다면 상대방의 계획을 물어보는 것으로 대화의 물꼬를 트는 것은 어떨까요?
(**selama** [슬라마] ~동안, **mau** [마우] 원하다, **mana** [마나] 어디)

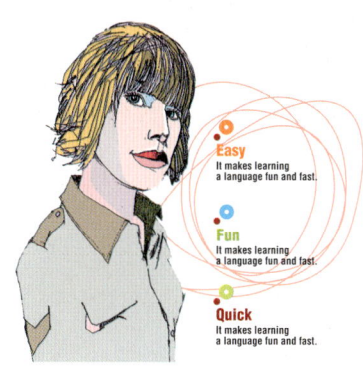

Selama Lebaran mau ke mana?

[슬라마 르바란 마우 끄 마나?]

르바란 동안 어디 갈 거니?

selama [슬라마]는 '~동안' 이라는 의미의 접속사인데 전치사가 되기도 합니다. 다시 말해 세 시간 동안, 이틀 동안 등을 말할 때에도 **selama tiga jam** [슬라마 띠가 잠], **selama dua hari** [슬라마 두아 하리]라고 하지요.
(**berlibur** [버르리부르] 휴가를 보내다, **ke mana-mana** [끄 마나-마나] 아무데도)

Selama kamu berlibur, mau apa?

[슬라마 까무 버르리부르, 마우 아빠?]

너 휴가 보내는 동안 뭘 하고 싶어?

Selama tiga hari aku tidak ke mana-mana, di rumah saja.

[슬라마 띠가 하리 아꾸 띠닥 끄 마나-마나, 디 루마 사자.]

삼일 동안은 아무데도 안가, 집에 있을 거야.

'어디에' 를 의미하는 **ke mana**에 **mana**를 한 번 더 사용하면 '아무데도' 라는 표현이 됩니다. 부정어와 함께 사용하지요.
그래서 **tidak ke mana-mana**란 '아무데도 가지 않다' 라는 의미를 가집니다.

Fun
It makes learning
a language fun and fast.

고향 갔다가 발리 갈 거야!

르바란 동안의 계획을 물었더니 현지인 친구의 스케줄이 줄줄 나옵니다.
이렇게요.
(pulang kampung [뿔랑 깜뿡] 고향 가다, lalu [랄루] ~하고 나서, berkunjung ke
[버르꾼중 끄] ~에 방문하다, nenek [네넥] 할머니)

Aku mau pulang kampung lalu berkunjung ke rumah nenek di Bali.

[아꾸 마우 뿔랑 깜뿡 랄루 버르꾼중 끄 루마 네넥 디 발리.]
고향에 갔다가 발리에 있는 할머니 댁에 갈 거야.

인도네시아어로 순차적 진행을 말할 때 쓰이는 접속사는 보통 lalu [랄루]와 kemudian [끄무디안]입니다. 이 두 단어는 '~하고 나서' 라는 의미를 가지고 있습니다. 효율적인 동사 pulang을 기억하시지요? '원래의 곳으로 돌아가다' 라는 의미로 '귀가하다, 퇴근하다' 등의 표현에 사용되는 동사이지요. 이 뿔랑 이라는 동사는 '고향 가다' 라는 의미로도 사용됩니다. 이때에는 '시골' 이라는 뜻을 가진 kampung과 함께 쓰지요.

Easy
It makes learning
a language fun and fast.

Fun
It makes learning
a language fun and fast.

Quick
It makes learning
a language fun and fast.

자, 순차적 진행을 의미하는 또 다른
접속사 **kemudian**을 사용해서
다른 예문으로 연습을 해볼까요?

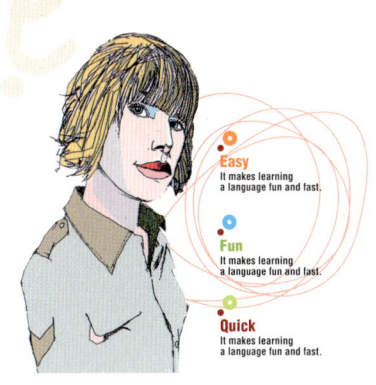

여러분은 아침에 일어나서 아침식사 후에 샤워를 하시나요?
아님 샤워 후에 아침식사를 하시나요? 뭐라고요? 잘 안 들리네요.
어쩔 수 없습니다. 인도네시아 사람 기준으로 예문을 만들게요. (· ·*)
(mandi [만디] 샤워하다, **kemudian** [끄무디안] ~하고 나서)

Saya mandi kemudian makan pagi.

[사야 만디 끄무디안 마깐 빠기.]
나는 샤워를 하고 나서 아침 식사를 합니다.

자, 당신의 친구는 르바란 얘기가 나오자 휴가 생각에 신이 나서 그저 달립니
다. 줄줄이 설명이 계속되네요. 친구가 고향에 갔다가 발리에 있는 할머니 댁
에 가는 이유는 어렸을 때 친구 가족이 발리에서 살았기 때문이라는군요.
(ketika [끄띠까] ~할 때, kecil [끄찔] 작다/어리다, keluarga [끌루아르가] 가족,
tinggal [띵갈] 살다/거주하다)

Ketika saya kecil,
keluarga saya tinggal di Bali.

[끄띠까 사야 끄찔, 끌루아르가 사야 띵갈 디 발리.]
내가 어렸을 때 우리 가족은 발리에 살았어.

인도네시아어로 '~할 때' 혹은 '~했을 때' 라는 표현은 접속사 **ketika** 또는 구어체적 표현으로는 **waktu**를 사용합니다. 영어로 '언제' 를 뜻하는 의문사 **when**은 접속사로도 사용이 가능하지만 인도네시아어로는 그렇지 않습니다. '언제' 에 해당하는 의문사 **kapan**은 그저 의문사일 뿐이지요. 초급단계에서 많이 할 수 있는 실수랍니다. '~할 때' 를 표현할 때, 의문사 **kapan**을 사용하는 실수를 하지 마세요.

자, 만일의 실수에 대비해서 구어체인 **waktu**를 사용한 다른 예문을 만들어 마음에 팍 새겨보도록 하겠습니다.

(**waktu** [왁뚜] 시간 /(구어체로) ~할 때, **datang** [다땅] 오다, **sedang** [스당] ~하는 중이다)

Waktu dia datang ke rumah saya, saya sedang mandi.

[왁뚜 디아 다땅 끄 루마 사야, 사야 스당 만디.]
그가 왔을 때, 난 샤워 중이었다.

친구가 그 유명한 섬, 발리에 살 때에 바다에서 수영을 열심히 했다지요. 그런데 처음엔 수영하면서 물을 꽤 많이 마셨다는군요.

(**sambil** [삼빌] ~하면서, **menyelam** [머녈람] 잠수하다, **air** [아이르] 물)

Easy
It makes learning
a language fun and fast.

Fun
It makes learning
a language fun and fast.

Quick
It makes learning
a language fun and fast.

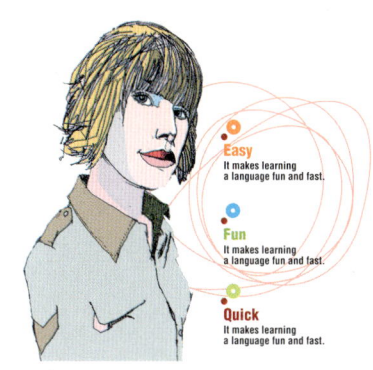

Sambil menyelam, minum air.

[삼빌 머널람, 미눔 아이르.]

잠수하다가 물을 마셨어.

Sambil은 인도네시아어로 동시동작을 표현할 때 사용하는 접속사입니다. '~하면서' 라는 의미이지요. 자, 그런데 위의 예문은 재미있는 문장입니다. 바로 돌 하나로 새 두 마리를 잡는다는 뜻이거든요. 원뜻으로 보면 물 먹는 게 뭐 좋은 일은 아닌 것 같은데요. (우리 기준으론 말이죠.)

아무튼 인도네시아어로는 '한 가지 일을 하면서 두 가지 이득을 취한다.' 는 의미를 가진 속담이랍니다. 동시동작을 의미하는 **sambil**과 함께 잘 기억해 두시면 요긴하게 쓰일 표현이지요.

다른 예문으로 연습을 해봅시다.
여러분은 보통 뭘 한꺼번에 하시나요?
저처럼 텔레비전을 보면서 식사를 하신다고요? 좋습니다.
인도네시아어로 해보시죠.
(**nonton** [논똔] (텔레비전 등을) 보다)

Saya makan sambil nonton televisi.

[사야 마깐 삼빌 논똔 텔레비시.]

저는 텔레비전을 보면서 식사해요.

Fun
It makes learning
a language fun and fast.

아이구, 속 터져라 …

아주 급박한 상황이 벌어졌습니다.

현지인 직원이 능력을 100% 발휘해도 될 듯 말 듯한 아주 중요한 일이 생겼어요. 그래서 직원에게 다급하게 물었지요. '할 수 있겠니? **Bisa?** 현지인 직원이 대답합니다. **Mungkin bisa.** [뭉낀 비사.] mungkin은 영어의 **maybe** 정도로 볼 수 있습니다. '아마도' 라는 의미이지요. 뭐 살다 보면 뭔가 단정지어서 말할 수 없는 경우가 많기는 하지요. 그런데 문제는 인도네시아 사람들이 **mungkin**을 좀 자주 사용하는 데에 있습니다. 자, 대답이 신통치 않아 현지인 직원에게 이 일은 아주 중요한 일이라고 설명을 해주고는 다시 물었습니다. '할 수 있겠니? **Bisa?** 이번엔 현지인 직원이 이렇게 대답합니다. **Mudah-mudahan bisa.** [무다-무다한 비사.] **Mudah-mudahan**이란 '~이 되어야 할 텐데' 라는 희망사항을 표현할 때 사용하는 말입니다. 그런데 인도네시아 사람들은 대답으로 이 표현을 애용할 때가 많습니다. 할 수 있다는 것인지, 할 수 없다는 것인지... 보다 확실한 대답을 듣고 싶지 희망사항을 듣고 싶은 게 아닐 때가 있잖아요. 급해 죽겠는데, 상대방이 **mungkin, mudah-mudahan** 이렇게 대답하면 속이 터집니다.

이 외에 한국인이 경계하는 인도네시아 단어로는 **Terserah**가 있습니다. 영어로 말하자면 **It's up to you.** 급에 해당됩니다. 상대방의 의견을 존중해 주는 표현이지요. 의견을 존중하는 표현을 왜 경계하냐고요? 그게 말이지요, 현지인 친구들은 이따금 아주 무지하게 여러분의 의견을 존중해 줍니다. 뭘 물어도 **Terserah**라고 대답하거든요.

Teach Yourself Languages

Easy
It makes learning
a language fun and fast.

Fun
It makes learning
a language fun and fast.

Quick
It makes learning
a language fun and fast.

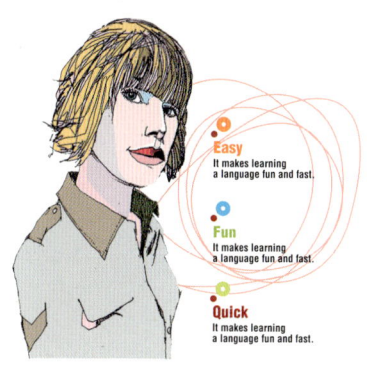

어디서 만날까? 떠르서라!, 뭘 먹을래? 떠르서라!,
우리 뭐 할까? 떠르서라! 이쯤 되면
'떠넘기기 작전' 처럼 느껴질 때가 있지요.
상대방이 의사를 분명히 표현해야 할 시점에서
여러분의 의견만 무지 존중해준다면?
당연 속이 터집니다.

마지막으로 또 속 터질만한 표현은 **tidak apa-apa**랍니다. 잘 알고 계시지요?
'미안해' 의 짝꿍, '괜찮아' 라는 표현이지요. 노 프라블럼! 입니다. 근데 전혀
노 프라블럼이 아닐 때 사용한다면? 이런 경우들 말이지요. 아끼던 예쁜 접시
를 깨 놓고 가사 도우미가 웃으며 말합니다. 띠닥 아빠-아빠. 접촉 사고를 낸
운전 기사가 머리를 긁적이며 말합니다. 띠닥 아빠-아빠. 현지인 직원이 대형
사고를 치고는 멋쩍게 웃으며 말합니다. 띠닥 아빠-아빠. 이처럼 인도네시아
사람은 자신이 실수를 해 놓고 띠닥 아빠-아빠, '괜찮아유 ~ .' 하고 말합니다.
대체 뭐가 괜찮다는 걸까요? 그리고 대체 누가 누구보고 괜찮다는 걸까요? 때
론 현지인의 띠닥 아빠-아빠를 들으면 그야말로 어의상실입니다.
(**mungkin** [뭉낀] 아마도, **mudah-mudahan** [무다-무다한] ~하길/되길 바란다,
terserah [떠르서라] 좋을 대로 하세요)

Mungkin bisa.
[뭉낀 비사.] 가능할 겁니다.

Mudah-mudahan bisa.
[무다-무다한 비사.] 가능해야 될 텐데요.

Terserah.
[떠르서라.] 좋을 대로 하세요.

Tidak apa-apa.
[띠닥 아빠-아빠.] 괜찮아요.

Take the Pleasure of Learning! It makes learning a language fun and fast.

Teach Yourself
Languages

Easy
It makes learning
a language fun and fast.

Fun
It makes learning
a language fun and fast.

Quick
It makes learning
a language fun and fast.

028

내가 너라면
그렇게 할 거야.

Jika aku jadi kamu,
aku akan melakukan itu.

[지까 아꾸 자디 까무, 아꾸 아깐 멀라꾸깐 이뚜.]

가정법

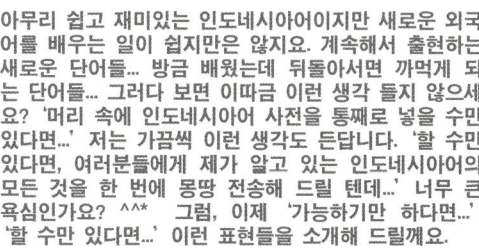

아무리 쉽고 재미있는 인도네시아어이지만 새로운 외국어를 배우는 일이 쉽지만은 않지요. 계속해서 출현하는 새로운 단어들… 방금 배웠는데 뒤돌아서면 까먹게 되는 단어들… 그러다 보면 이따금 이런 생각 들지 않으세요? '머리 속에 인도네시아어 사전을 통째로 넣을 수만 있다면…' 저는 가끔씩 이런 생각도 든답니다. '할 수만 있다면, 여러분들에게 제가 알고 있는 인도네시아어의 모든 것을 한 번에 몽땅 전송해 드릴 텐데…' 너무 큰 욕심인가요? ^^*   그럼, 이제 '가능하기만 하다면…', '할 수만 있다면…' 이런 표현들을 소개해 드릴께요.

비가 오면 학교에 안 가요! 출근도 안 해요!

인도네시아에는 건기와 우기, 두 계절이 있습니다. 건기에는 빨래를 해서 건조대에 올려 놓으면 두세 시간 만에 뽀송뽀송해지는 반면, 우기에는 하루 종일 널어 놓아도 세탁물이 축축합니다. 우기라 해서 우리나라의 장마철을 상상하셨나요? 차원이 다르답니다. 주룩주룩 비가 내리는 정도가 아니라 하늘에 구멍이라도 난 것처럼 쏟아지는 날이 허다합니다. 우기에 불편함이란 배수시설이 좋지 않아 시내 곳곳이 침수가 된다는 것이지요. 홍수가 나는 지역이 한두 군데가 아닙니다. 인도네시아어로 '홍수 나다' 라는 표현은 **banjir** [반지르]를 사용하는데요. 학생이 결석사유로 반지르, 직원이 결근사유로 반지르라고 하면 할 말이 없습니다. 실제로 우기에는 무릎까지 물이 차는 곳이 많거든요. 차를 타고 가다보면 이게 차인지 배인지 헷갈릴 정도라니까요. 그러니 우기 때 하늘이 우중충하니 금방 비가 쏟아져 내릴 것 같은 기세라면 얼른 집에 가시는 것이 상책입니다.

만일 비가 오면 다 취소야!

그러니 우기에는 이런 말을 흔히 듣게 되겠지요. '만일 비가 오면 몽땅 취소야!' 내일 약속이 있으세요? 그렇다면 일기예보를 꼭 보세요. 비가 오면 아무데도 안 갑니다.

Easy
It makes learning
a language fun and fast.

Fun
It makes learning
a language fun and fast.

Quick
It makes learning
a language fun and fast.

(**kalau** [깔라우] 만일, **hujan** [후잔] 비/
비가 내리다, **akan** [아깐] ~할 것이다,
ikut [이꿋] 함께 가다/따라 가다,
jemput [즘뿟] 데리러 오다/가다)

It's real, it's easy and it's practical!

Kalau hujan, kita tidak akan pergi.

[깔라우 후잔, 끼따 띠닥 아깐 뻐르기.]
만일 비가 오면 우리 안 갈 거야.

비가 와도 안 가는 것은 당연한 사실이고, 데리러 오지 않으면 안 가시겠다고
요? (당신 혹시 공주님이신가요? *··*) 사실은 대중교통이 발달되지 않은 인도
네시아에서 차를 가지고 있는 사람이 친구를 데리러 오고, 데려다 주는 센스.
굿 매너 정도가 아니라 필수사항입니다. 자, 그러니 당당히 말씀하세요. 여러
분은 이런 말할 자격이 충분하십니다.

Saya tidak mau ikut kalau kamu tidak jemput saya.

[사야 띠닥 마우 이꿋 깔라우 까무 띠닥 즘뿟 사야.]
네가 데리러 오지 않으면 난 안 따라갈 테야.

가정법이라고 하지요. '만일 ~한다면' 인도네시아어로 가정법을 표현할 때에
는 보통 **kalau**를 많이 사용합니다. 이 깔라우 하나로 여러분이 그동안 다른 외
국어의 가정법을 공부하면서 겪은 고통이 다 해결됩니다. 그리고 앞의 두 예문
에서처럼 **kalau**는 문장의 첫 시작에 사용해도 되고 중간에 넣어 사용해도 됩
니다.

간편하게 **kalau**를 사용할 수 있는 다양한 표현들이 줄지어 있어요.
대표선수만 모아보자면 원한다면, 그렇다면, 된다면… 이런 표현들 몽땅
kalau로 시작된답니다. 르바란 스케줄을 줄줄이 읊어 대던 친구가 혹시 이런
말을 하지는 않던가요? '괜찮다면 같이 갈래?' 아직 인도네시아에서 여행을 할
기회가 없었던 여러분에게 친구는 함께 가자고 권했을지도 모르겠네요.
Kalau bisa, kamu mau ikut? [깔라우 비사, 까무 마우 이꿋?]이라 말하면서
요. **kalau bisa** [깔라우 비사]라는 것은 '만약 가능하다면' , 즉 '괜찮다면' 으로
회화에서 자주 쓰이는 표현입니다. **ikut** [이꿋]은 '따라가다' 라는 동사이지요.

함께 가고 싶다면 마찬가지로 **Kalau boleh, saya mau ikut.** [깔라우 볼레, 사
야 마우 이꿋.]으로 대답하면 됩니다. 상대방이 '네가 가능하다면' 이라는 의미
로 **kalau bisa**를 사용했다면 여러분은 '그래도 된다면' 의 의미로 **kalau
boleh**를 쓰는 것이지요. 따라서 '그래도 된다면 따라가고 싶어.' 라는 대답이
되는 것입니다.
(**kalau bisa** [깔라우 비사] 괜찮다면/~할 수 있다면, **kalau boleh** [깔라우 볼레] 된다
면, **kalau begitu** [깔라우 버끼뚜] 그렇다면, **jangan** [장안] ~하지 마(부정명령어),
lupa [루빠] 잊다, **bawakan** [바와깐] 가져오다/가져가다, **baju renang** [바주 르낭]
수영복)

Kalau bisa, kamu mau ikut?
[깔라우 비사, 까무 마우 이꿋?]
괜찮다면 같이 갈래?

Kalau boleh, saya mau ikut.
[깔라우 볼레, 사야 마우 이꿋.]
그래도 된다면 따라가고 싶어.

Easy
It makes learning
a language fun and fast.

Fun
It makes learning
a language fun and fast.

Quick
It makes learning
a language fun and fast.

당신의 대답을 듣고 친구가 이런 당부를 하네요.

Kalau begitu, jangan lupa bawakan baju renang.

[깔라우 버기뚜, 장안 루빠 바와깐 바주 르낭.]

그렇다면, 수영복 가져오는 거 잊지 마.

자, 아주 중요한 표현이 나왔습니다.

'그렇다면' 의 **kalau begitu!** '만일' 의 **kalau**와 '그렇게' 의 **begitu**가 만나서 '그렇다면' 이라는 요긴한 표현을 만들었네요. '그렇다면', 대화 중에 얼마나 자주 사용되는 표현입니까! 이제야 모습을 드러내는군요. 아주 요긴한 표현이 니 꼭꼭 챙기세요. 빨리 갈 생각에 수영복만 챙기지 마시고요. (·0·) **Jangan lupa**를 잊지는 않으셨지요? 부정명령어, '~하지 마' 의 **jangan** 그리고 '잊다' 의 **lupa**잖아요. 홀까닥 다 까먹으셨다고요? 에궁(··) 그렇다면 **kalau begitu**, 모두 챙겨주세요. 장안 루빠! 잊지 마시고요!

포멀하고 시적인 표현을 원하신다면!

kalau 말고도 인도네시아어로 가정법을 표현할 때 사용할 수 있는 표현은 여 러 가지입니다. 보다 포멀하고 시적인 표현을 할 때에는 **Jika**를 사용한답니다. 문법설명이 너무 거창했나요? 포멀하고 시적인 표현. 사실은 **Jika**의 사용이 그 처럼 거창하지는 않아요.

예를 들면 이런 상황이 있겠지요. 현지인 친구가 이런저런 조언을 부탁하네요. 그럴 때 이렇게 말해보면 어떨까요? '내가 너라면 그렇게 할 거야.' (jika [지까] 만일 ~라면, jadi [자디] ~이 되다(동사 menjadi의 축약형), melakukan [멀라꾸깐] ~을 행하다)

Jika aku jadi kamu, aku akan melakukan begitu.

[지까 아꾸 자디 까무, 아꾸 아깐 멀라꾸깐 버기뚜.]
내가 너라면 그렇게 할 거야.

jadi란 정식으로는 menjadi로 '~이 되다' 라는 의미를 가진 동사인데, 회화체에서는 보통 jadi라고만 사용됩니다. 그러니까 Jika aku jadi kamu라고 하면 만일 내가 네가 된다면, 즉 '내가 너라면' 이란 뜻이 되는 것이고요. melakukan이란 '~을 행하다' 라는 동사로 미래형을 나타내는 akan과 함께 사용되었으니 '~할 것이다' 가 되는 것이지요. 그러고 보니 begitu가 또 등장했네요. 바로 그처럼! 잊지 않으셨지요?

자, 또 이런 상황도 가능하겠네요. '언제 한국에 올 계획 없니?' 라고 물으면 현지인 친구들은 곧장 이렇게 대답한답니다.
(ada [아다] ~이 있다, rezeki [르제끼] 운/부수입)

Jika ada rezeki, kami mau ke Korea.

[지까 아다 르제끼, 까미 마우 끄 꼬레아.]
공돈이 생기면 우리는 한국에 가고 싶어.

Easy
It makes learning
a language fun and fast.

Fun
It makes learning
a language fun and fast.

Quick
It makes learning
a language fun and fast.

한국에 가고 싶은 마음이야 굴뚝 같지만, 현지인 친구들의 주머니 사정이 여의치 않은 모양입니다. 루피아 대 한화를 생각하면 여행비용이 부담스러울 수 있겠지요.

그래서 친구는 가정법을 사용하여 대답을 할 수밖에 없습니다. 그런데 **jika ada rezeki**라 ⋯ **rezeki**란 '뜻밖에 생긴 돈' , 혹은 '운 좋게 들어온 부수입' 이라고 할까요. 우리말로 복불복이라는 표현을 하듯이 인도네시아 사람들은 '다 제 복이다.' 라는 표현을 할 때에도 **rezeki**라는 단어를 사용합니다. **Itu rezeki kamu.** [이뚜 르제끼 까무.] '그건 다 네 복인 게지.'

Itu rezeki kamu.

[이뚜 르제끼 까무.]
그건 네 복인 게야.

내가 백만장자라면!

또 다른 가정법의 표현으로는 **seandainya** [스안다이냐]가 있습니다.

이 단어는 **kalau**나 **jika**에 비해 가능성이 희박한 경우를 두고 사용되는데요. 전시장에 있는 근사한 차를 보고 갖고 싶은 맘, 사고 싶은 맘 당연 들 수 있습니다. 맘인데 어때요, 뭐! 근데 맘도 맘이지만 이런 말도 슬그머니 나올 수 있습니다.

(**seandainya** [스안다이냐] 만약 ~라면, **milyuner** [밀리우너르] 백만장자, **membeli** [멈벌리] 사다, **mobil** [모빌] 자동차)

Seandainya saya milyuner, saya akan membeli mobil itu.

[스안다이냐 사야 밀리우너르, 사야 아깐 멀멀리 모빌 이뚜.]

내가 만일 백만장자라면, 그 차를 살 텐데.

백만장자! 이처럼 꿈 같은 이야기를 할 때라면 **seandainya** [스안다이냐]가 '딱' 입니다. 그렇다고 **seandainya**가 늘 허무맹랑한 공상에만 사용되는 것은 아니에요. 예를 들어, 누군가 참석할 가능성이 희박한 사람을 두고 '만일 그 사람이 온다면' 이라는 표현 등에도 충분히 쓰일 수 있는 말이랍니다. 바로 이런 표현을 할 수 있다는 것이지요.

(**beritahu** [버리따우] 알려주다)

Seandainya dia datang, tolong beritahu saya.

[스안다이냐 디아 다땅, 똘롱 버리따우 사야.]

만일 그 사람이 오면 나한테 알려주세요.

위에 상황에서 **seandainya**는 만일을 좀 더 세게 가정해서 '만에 하나 (올 수 없다고 했던) 그 사람이 온다면' 이라는 의미로 해석할 수 있습니다. 그런데 재미있는 동사가 나왔네요. **beritahu**란 '주다' 의 **beri**, '알다' 의 **tahu**가 만난 동사입니다. 그래서 '알려주다' 라는 의미가 되고요. 쉽고 재미있는 동사이지요. 자, 하여간 가정하는 모드를 쬐끔 세게 하고 싶을 때, 언제든 **seandainya**를 사용할 수 있습니다. 그것이 백만장자가 되는 가정이든, 꼭 왔으면 좋을 친구가 정말로 오는 가정을 하든 맘놓고 사용하세요.

 Easy
It makes learning
a language fun and fast.

 Fun
It makes learning
a language fun and fast.

 **Quick**
It makes learning
a language fun and fast.

귀신을 만나면 어쩔건데?

Bagaimana를 기억하시지요? '어떻게' 라는 의미를 가진 의문사이지요. **Bagaimana**와 seandainya가 만나면 '만일 ~라면 어쩔래?' 라는 표현을 만들어 냅니다. 인도네시아 사람들 중의 많은 수가 종교에 상관없이 영적인 존재를 믿으며 귀신, **hantu** [한뚜]가 물건을 훔치고, 사람을 아프게 한다고 생각합니다. 하여 가족 중에 아픈 사람이 생기거나 집에 도둑이 드는 등 집안에 불미스러운 일이 생기면 바로 두꾼, **dukun**(우리 식으로 하면 점쟁이 혹은 무당 정도라 할까요!)에게 달려가지요. 동네 기찻길에 잦은 사고가 날 때 현지인 친구가 이런 말을 할 것입니다. '너 아니? 이 기찻길에 귀신이 산데... 아이구, 으스스해라.' 친구가 이런 말을 할 때 '말도 안돼! 하며 너무 강하게 귀신을 믿지 않는다고 말하거나 현지인들이 귀신을 믿는 것을 무시하는 발언을 하지 않는 것이 좋습니다. 바로 '따' 당할 수 있거든요. (·0·) 이럴 땐 도무지 말이 되지 않지만 가볍게 웃어넘기거나 유머를 활용해보세요. 뭐 이런 질문을 해보면 어떨까요? (**melihat** [멀리핫] 보다, **hantu** [한뚜] 귀신)

Bagaimana seandainya kamu melihat hantu?

[바게이마나 스안다이냐 까무 멀리핫 한뚜?]
만일 네가 귀신을 보면 어쩔래?

위에 예문처럼 어떤 상황을 가정해서 '만일 ~라면 어떻겠니 혹은 어쩔래? 라는 표현으로 **Bagaimana seandainya**를 사용합니다. 어쨌거나 귀신을 만날 생각에 친구 얼굴이 허옇게 질렸을 텐데요. 바로 달래주셔야지요, 이런 말로요. **Jangan takut!** [장안 따꿋!] 두려워 하지 마! 내가 귀신을 산 채로 잡아다 줄게... 흐흐흐! (··) 아무튼 이 정도 유머만 활용해도 현지인과의 귀신 대화는 가뿐히 넘길 수 있습니다.

Easy
It makes learning
a language fun and fast.

Fun
It makes learning
a language fun and fast.

Quick
It makes learning
a language fun and fast.

Tempat pengurusan visa
Visa on arrival

落地签证
التأشيرة عند الوصول
入国ビザ

029

무슨 일이야? 저런…

Apa yang terjadi?
Ampun…

[아빠 양 떠르자디? 암뿐…]
대화의 윤활유

인도네시아 친구들과 대화를 나누다 보니 때론, 친구의 말에 맞장구를 치고 싶기도 하고
'어머! 저런… 그래서 어떻게 됐는데?' 하며 친구의 다음 말을 이끌어 내고 싶기도 합니다.
이따금은 대화의 주도권을 잡고 싶을 때도 있지요. 자, 이제 인도네시아 친구와 대화가
착착 굴러 갈 수 있도록 기름을 발라 드릴게요.

▼ Teach Yourself **Languages**

Take the Pleasure of Learning! It makes learning a language fun and fast.

대체 무슨 일이야?

인도네시아 친구가 평소답지 않은 행동을 합니다.
한밤중에 전화가 걸려 왔네요.
도대체 내 사랑하는 친구에게 무슨 일이 벌어진 걸까요.
친구의 상황이 궁금합니다. 이럴 때 '안녕! 좋은 밤이야!', **Selamat malam!**이
라고 인사 하기에는 너무 쌩뚱 맞잖아요. 바로 이렇게 물어보는 건 어떨까요?
(**yang** [양] ~한 것, **terjadi** [떠르자디] (어떤 일 등이) 발생하다/벌어지다)

Apa yang terjadi?

[아빠 양 떠르자디?]
무슨 일이 생긴 거야?

'무슨 일이야?' 라고 묻는 표현은 실로 다양하답니다.
친한 사이에는 **Ada apa?** [아다 아빠?]라고 물을 수 있습니다.
ada는 '~이 있다' 이고 **apa**는 '뭐' 라는 의문사이니 뭐가 있니?
즉, '무슨 일이니?' 라는 의미가 되는 것이지요.
이외에 '무슨 문제 있니?' 라는 표현으로 **Ada masalah?** [아다 마살라?]라고 묻
기도 합니다. 아무 문제 없다면, 노 프라블럼이지요. '문제 없어.', **Tidak ada
masalah.** [띠닥 아다 마살라.] 라고 대답하면 됩니다.
(**masalah** [마살라] 문제)

Easy
It makes learning
a language fun and fast.

Fun
It makes learning
a language fun and fast.

Quick
It makes learning
a language fun and fast.

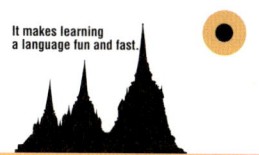

Ada apa?

[아다 아빠?]

무슨 일이니?

Ada masalah?

[아다 마살라?]

무슨 문제라도 있니?

Tidak ada masalah.

[띠닥 아다 마살라.]

아무 문제 없어. / 괜찮아.

최고의 맞장구! 오, 그래? 오, 버기뚜?

무슨 일이 있냐고 물으니 친구가 열변을 토합니다.

이처럼 대화 상대방이 침을 튀기며 열변을 하고 있을 때, 가마니만 쓰고 계실
수는 없지요. 이따금 '오, 그러니?' 하면서 '나 지금 열심히 네 말을 듣고 있어.'
라는 표시를 해주어야 대화가 매끈하게 이어질 수 있습니다. 이럴 때에는 간단
히 이렇게 친구의 말에 추임새를 넣어주세요.

(**begitu** [버기뚜] 그렇게)

Oh, begitu!

[오, 버기뚜!]

오, 그렇구나!

친구의 연설이 길어지고 있다면 '오, 버기뚜!' 하나만 가지고 버텨낼 수 없겠
지요. 이럴 땐 가끔씩 '맞아, 맞아.' 라고 맞장구를 쳐주세요. 버라이어티로 나
가자는 말씀이죠. (·0·) **Betul!** [버뚤]하면서 장단을 좀 바꿔 보세요. **betul**이
란 '옳다', '맞다' 라는 의미입니다. 또 이런 표현도 있겠네요. '그게 정말이
니?' 가끔은 되물어 주는 센스도 필요합니다. 이럴 땐 **Apa itu benar?** [아빠 이
뚜 버너르?]라고 합니다. 그런데 예문의 발음을 다시 한번 눈여겨 봐주세요.
Benar! 발음과 톤이 중요합니다. 인도네시아어에서 **a**는 선명하게 우리말로
'아' 하고 발음하는 것이 원칙이나 이 **benar**의 경우에 현지인들은 '버나르'
하기 보단 '버너르' 라고 발음합니다. 자, '버' 에 약간 힘을 주어 발음해보세
요. 버너르~! 그런데 **betul**과 **benar**가 뭐가 다르냐고요? 음… 두 단어 모두
'맞다, 옳다' 라는 뜻을 가지고 있습니다만, 둘 간에는 미묘한 차이가 있습니
다. **betul**은 맞다, 틀리다 즉, 옳고 그름을 표현할 때 자주 사용하는 반면,
benar는 진짜로, 진실로, 진심으로 등의 의미를 가지고 있습니다.
(**betul** [버뚤] 맞은/옳은, **benar** [버나르/버너르] 진실된/거짓이 아닌)

Betul!

[버뚤!]

맞아!

Easy
It makes learning
a language fun and fast.

Fun
It makes learning
a language fun and fast.

Quick
It makes learning
a language fun and fast.

260 Teach Yourself Languages

It makes learning
a language fun and fast.

Apa itu benar?

[아빠 이뚜 버너르?]

그게 정말이야?

뭐라고? 천천히 좀 말해줘!

친구가 흥에 겨워 연설하고 있는데 찬물을 끼얹고 싶지는 않지만, 속사포처럼 줄줄 나오는 친구의 말이 너무 빨라서 대체 알아들을 수가 없습니다. 알아듣지도 못하겠는데 어찌 맞장구를 칠 수 있겠습니까? 자, 그렇다면 분위기를 살피다가 친구가 침을 꼴깍 삼킬 때 바로 잽싸게 끼어 드십시오. 이렇게요.
(**bicara** [비짜라] 말하다, **pelan-pelan** [뻘란-뻘란] 천천히)

Tolong bicara pelan-pelan.

[똘롱 비짜라 뻘란-뻘란.]

천천히 말해 주세요.

상대방에게 천천히 말해달라고 부탁을 하는 것이니 부탁할 때 사용하는 **tolong**이 등장했습니다. 이 표현 하나로 좀 더 든든해지지 않으셨어요? 귀를 쫑긋 세우고 들어도, 이따금 상대방의 말을 알아들을 수 없을 때가 있지요. 그럴 땐 망설이지 말고 언제고 이렇게 부탁하세요. 천천히 말씀해주세요!

날씨가 더워서 그런지 집중력이 떨어집니다. 그래서 친구가 친절하게 천천히 말해주었는데도 미처 못 알아듣고 말았네요. 그럴 땐 '뭐라고? 다시 말해줘!' 라고 말하면서 대화를 잠시 앞으로 돌려야 합니다. 이럴 때 쓰는 표현으로 적당한 말을 소개할게요.

(diulang [디울랑] 반복되다(ulang의 수동형), **tadi** [따디] 아까/조금 전, **omong** [오몽] 말하다)

Maaf, bisa diulang?

[마앞, 비사 디울랑?]

미안, 다시 말해줄래?

Maaf, tadi omong apa?

[마앞, 따디 오몽 아빠?]

미안, 아까 뭐라 했니?

일단 좀 미안한 표정을 지으면서 **maaf**을 먼저 말하는 것이 좋겠지요. **Maaf, bisa diulang?**이라는 표현은 정중하고 예의 바른 표현입니다. '죄송합니다만, 다시 말씀해주시겠어요?' 라는 표현도 되는 것이고요. **diulang**이란 '반복하다' 라는 동사의 수동형입니다. 반복합니다만, 인도네시아 사람들은 수동형을 부드러운 표현으로 생각하기 때문에 많이 사용하지요. 친한 친구 사이라면, **Maaf, tadi omong apa?**라고 말씀하셔도 됩니다. '미안, 방금 뭐라 했니? 라는 표현입니다.

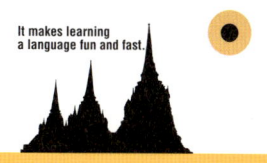

이보다 더 간단히 의문사 **kenapa?**를 쓰셔도 되고요. '왜?' 라고 이유를 물을 때 사용하는 의문사 **kenapa**는 회화체에서는 '뭐라고?' 하며 상대방의 말을 되물을 때에 사용할 수 있습니다. 그러므로 여러분이 뭔가를 말씀하셨는데 현지인 친구가 **kenapa?**라고 물으면 상황 파악을 잘 하셔야 합니다. 이유를 설명해야 할 때가 있고, 했던 말을 다시 읊어야 할 때가 있다는 말씀이죠.

난 그렇게 생각하지 않아!

맞는 건 맞는 거지만 또 아닌 건 아닌 거지요.
친구의 의견에 동의할 수 없다면 딱 잘라 반대표를 던지십시오. 까칠하다는 말 좀 들으면 어떻습니까? 대충 넘어가서는 안 되는 일도 있기 마련입니다. '난 그렇게 생각하지 않아.' 인도네시아어로는 이렇게 말합니다.
(**kira** [끼라] 생각하다, **setuju** [스뚜쥬] 동의하다)

Saya kira tidak.

[사야 끼라 띠닥.]
그건 아닌 거 같아요.

Saya tidak setuju.

[사야 띠닥 스뚜쥬.]
난 동의하지 않아요.

Saya kira tidak.

인도네시아어로 '난 너의 의견에 동의해.' 라는 표현을 할 때에는 **Saya setuju.** [사야 스뚜주.]라고 말합니다. **setuju**란 '동의하다' 라는 의미의 동사이지요. 반대로 동의하지 않을 때에는 이 문장을 부정문으로 바꾸시면 됩니다. 바로, **Saya tidak setuju.** [사야 띠닥 스뚜주.]가 되겠습니다. 그런데 '이건 좀 세지 않나?' 하고 분위기가 염려되신다면 '내 생각엔 아닌데...' 라는 의미를 가진 **Saya kira tidak.** [사야 끼라 띠닥.]을 사용하시면 분위기 걱정 끝!입니다. 아, 그런데 부정어 **tidak**의 위치를 잘 지켜주세요. **Saya tidak kira.**라고 **tidak**을 중간에 넣어 말하고 나면 친구들이 당신을 계속 쳐다볼 것입니다. '생각하다'의 **kira** 앞에 **tidak**이 붙으면 '난 ~라고 생각하지 않아.' 라는 의미가 되므로 친구들이 당신이 뒷말로 무슨 말을 할지 궁금해하겠죠!

감칠맛 나는 감탄사를 애용해 주세요!

자, 이제 여러분의 인도네시아어 실력을 업그레이드 할 수 있는 마지막 윤활유를 소개합니다. 바로 감탄사이지요. 짧지만 아주 콤팩트하게 여러분의 '삘'을 생생하게 전달할 수 있을 뿐만 아니라, 현지인 친구와의 대화에 불이 꺼지는 일이 없도록 기름을 촬촬! 부을 수 있는 분위기 메이커가 될 수 있답니다.

친구의 말을 듣다가 너무 달린다 싶으면 이따금 '설마!' 하고 말해서 친구를 잠시 쉬게 해주고, '맙소사', '저런, 어쩌나...' 라는 감탄사로 맞장구도 쳐주세요. 이런 표현들로 말이지요.

Easy
It makes learning
a language fun and fast.

Fun
It makes learning
a language fun and fast.

Quick
It makes learning
a language fun and fast.

Masa!

[마사!]

설마!

Aduh!

[아두!]

맙소사!

Ampun!

[암뿐!]

저런! / 어머나!

이 중에, 원래 **ampun**은 '용서' 라는 뜻을 가지고 있는데 감탄사로 '어머나, 저런…' 이라는 표현을 할 때 사용됩니다. 이땐 좀 천천히 그리고 길게 빼듯이 발음해주시는 것이 중요합니다.

이제 마지막 감탄사입니다. 책을 펼쳐 들고 열심히 인도네시아어를 공부하는 여러분에게 현지인 친구가 이런 감탄사를 날립니다. **Asyik!** [아식!] 바로 '야호, 좋았어!' 라는 신나고 좋은 마음을 표현할 때 사용하는 감탄사예요. 인도네시아 사람들은 친구의 제안이 마음에 들거나 친구에게 좋은 일이 생기면 바로 이렇게 감탄사를 날린답니다. 매력적인 여러분이 아주 유창한 인도네시아어 실력까지 겸비한다면, 그야말로 현지인 친구들에게는 '야호!' 아니겠습니까? (*··*)

Take the Pleasure of Learning!
It makes learning a language fun and fast.

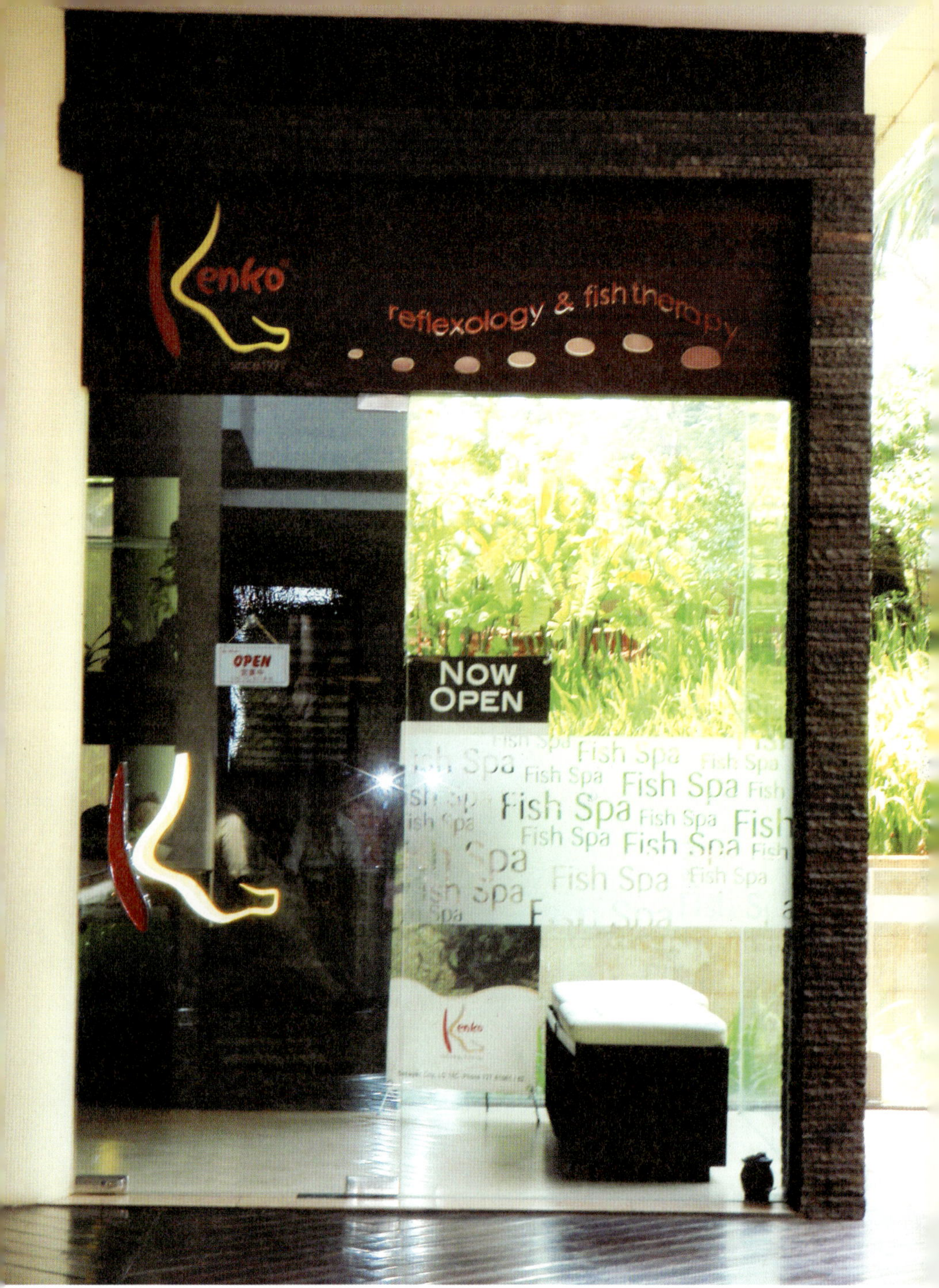
Kenko
reflexology & fish therapy
OPEN
NOW OPEN
Fish Spa

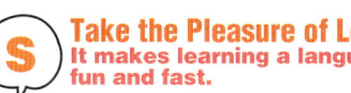

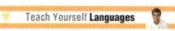

Teach Yourself Languages

Take the Pleasure of Learning!

S It makes learning a language
fun and fast.

▶▶▶ 효과적인 듣기연습을 위해 본문 내용을 재구성하였습니다.
Take the Pleasure of Learning! It makes learning a language fun and fast.

 부록 : 듣고 말하는 연습자료

아만다 카심 (KBS 2TV 미녀들의 수다)

 Easy It makes learning a language fun and fast.  Fun It makes learning a language fun and fast.

Indonesian
It makes learning a language fun and fast.

▼ **Teach Yourself** Languages

부록 : 듣고 말하는 연습자료

001

아... 아... 마이크 시험 중,
여기는 인도네시아!

오랑우탄
Orang utan

궁전
Istana

보르네오
Borneo

002

쉽고 재미있는
인도네시아어!

아이
anak

아이들
anak-anak

이것은 커피입니다.
Ini kopi.

저것은 차입니다.
Itu teh.

003

인니어는 어떻게 쓰고
어떻게 읽을까요?
A, B, C···

a	b	c	d
[아]	[베]	[쩨]	[데]

e	f	g	h
[에]	[에프]	[게]	[하]

i	j	k	l
[이]	[제]	[까]	[엘]

m	n	o	p
[엠]	[엔]	[오]	[뻬]

q	r	s	t
[끼]	[에르]	[에스]	[떼]

u	v	w	x
[우]	[붸]	[웨]	[엑스]

y	z		
[에]	[젯]		

ng	yo	ya	kh
[응]	[요]	[야]	[크/흐]

004

바나나를 먹어요.
Makan, Pisang /
Makan pisang.

❶
기후
cuaca

여유 있는
santai

길
jalan

맛이 쓰다
pahit

마시다
minum

책상
meja

가사 도우미
pembantu

❷
앞
depan

작은
kecil

맛있다
enak

뚱뚱한
gendut

날다
terbang

자다
tidur

담배
rokok

시장
pasar

❸
애인
pacar

특별한
khusus

독특한
khas

종종
sering

졸리다
ngantuk

Easy
It makes learning
a language fun and fast.

Fun
It makes learning
a language fun and fast.

Indonesian
It makes learning a language fun and fast.

005

안녕하세요! 별일 없으시죠?
Selamat pagi! Apa kabar?

❶

환영합니다.
Selamat datang.

안녕하세요. (아침인사)
Selamat pagi.

안녕하세요. (점심인사)
Selamat siang.

안녕하세요. (오후인사)
Selamat sore.

안녕하세요. (밤 인사)
Selamat malam.

❷

아침 먹다
makan pagi

점심 먹다
makan siang

저녁 먹다
makan malam

❸

어떻게 지내세요?
Apa kabar?

잘 지냅니다.
Baik, terima kasih.

고맙습니다.
Terima kasih.

정말 고맙습니다.
Terima kasih banyak.

고마워!
Makasih!

❹

다시 만나, 안녕!
Sampai jumpa lagi!

천만에요.
Sama-sama.

천만에요.
Kembali.

006

나, 당신 그리고 우리…
서로를 조금씩 알아가요.
Saya, Anda & Kita···

저 　　　　　 나
saya 　　　 **aku**

Easy | It makes learning a language fun and fast.
Fun | It makes learning a language fun and fast.
Indonesian
It makes learning a language fun and fast.

당신	너
Anda	**kamu**
그/그녀	그분
dia	**beliau**
우리	우리
kita	**kami**
당신들	너희들
Anda sekalian	**kamu sekalian**
그들	
mereka	

인도네시아어
Bahasa Indonesia

❷
나는 한국인입니다.
Saya orang Korea.

당신은 인도네시아인입니다.
Anda orang Indonesia.

나는 한국인이고
당신은 인도네시아인입니다.
Saya orang Korea dan
Anda orang Indonesia.

나는 밥을 먹습니다.
Saya makan nasi.

나는 빵을 먹어.
Aku makan roti.

우리는 커피를 마십니다.
Kita minum kopi.

우리는 물을 마십니다.
Kita minum air.

007

난 한국 사람!
넌 인도네시아 사람!
Aku orang Korea.
Kamu orang Indonesia.

❶
이것은 커피입니다.
Ini kopi.

저것은 차입니다.
Itu teh.

이 커피
Kopi ini

저 차
Teh itu

❸
맛있게 드세요.
Selamat makan.

생일 축하해요.
Selamat hari ulang tahun.

새해 복 많이 받으세요.
Selamat tahun baru.

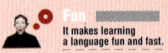 

축하해!
Selamat!

008

이건 뭐니?
이건 바자이야.
Apa ini?
Ini bajaj.

❶

이것은 무엇입니까?
Apa ini?

저것은 무엇입니까?
Apa itu?

저것은 바자이입니다.
Itu bajaj.

이 사람은 누구입니까?
Siapa ini?

이 사람은 선생님입니다.
Ini guru.

❷

이건 뭐니?
Apa ini?

이건 신발이야.
Ini sepatu.

저건 뭐니?
Itu apa?

저건 가방이야.
Itu tas.

얜 누구니?
Ini siapa?

얜 친구야.
Ini teman.

쟨 누구니?
Siapa itu?

쟨 애인이지.
Itu pacar.

❸

나의 집
rumah saya

당신의 집
rumah Anda

우리 집
rumah kami

얜 내 애인이야.
Ini pacar saya.

얜 내 애인이야.
Ini pacarku.

쟤가 너의 애인이지.
Itu pacarmu.

009

내 이름은 얀또야.
네 이름은 뭐니?
Nama saya Yanto.
Siapa namamu?

❶

내 이름은 ~입니다.
Nama saya ~.

제 성은 김입니다.
Marga saya Kim.

당신의 이름은 무엇입니까?
Siapa nama Anda?

네 이름은 뭐니?
Siapa namamu?

❷

저는 학생입니다.
Saya murid.

저는 대학생입니다.
Saya mahasiswa.

저는 직장인입니다.
Saya karyawan.

저는 가정주부입니다.
Saya ibu rumah tangga.

당신을 만나서 정말 반갑습니다.
Saya senang sekali bertemu dengan Anda.

만나서 반가워요!
Senang bertemu!

010

아이. 아이들. 겁나게 많은 아이들.
Anak. Anak-anak. Banyak anak.

❶

남동생
adik laki-laki

여동생
adik perempuan

아들
anak laki-laki

딸
anak perempuan

아버지
bapak / ayah

어머니
ibu

할아버지
kakek

할머니
nenek

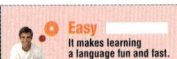 

손위 형제
kakak

동생
adik

삼촌
paman

숙모
tante

조카
keponakan

사촌
saudara sepupu

❷
많은 차들
banyak mobil

모든 학생들
semua murid

몇몇의 사람들
beberapa orang

눈
mata

간첩
mata-mata

한 사람
satu orang

모든 사람
semua orang

적은 돈
sedikit uang

병원
rumah sakit

부모님
orang tua

기차
kereta api

서명
tanda tangan

❸
치아
gigi

치과의사
dokter gigi

이쑤시개
tusuk gigi

칫솔
sikat gigi

치약
pasta gigi

양치질
gosok gigi

011

당신은 일본인인가요?
아니요, 저는 한국인이에요.
Apakah Anda orang Jepang?
Bukan, saya orang Korea.

❶

당신은 일본 사람입니까?
Apakah Anda orang Jepang?

당신은 인도네시아 사람입니까?
Apa Anda orang Indonesia?

너 커피 마시니?
Apakah kamu minum kopi?

당신은 일본인인가요?
Apakah Anda orang Jepang?

아니요, 전 일본인이 아닙니다.
Bukan, saya bukan orang Jepang.

❷

그녀는 키가 큰가요?
Apakah dia tinggi?

네, 그녀는 키가 큽니다.
Ya, dia tinggi.

아니요, 그녀는 키가 크지 않습니다.
그녀는 키가 작습니다.
Tidak, dia tidak tinggi.
Dia pendek.

❸

그분은 차를 가지고 있습니까?
Apakah beliau punya mobil?

네, 그분은 차를 가지고 있습니다.
Ya, beliau punya mobil.

아니요, 그분은 차를 가지고 있지 않습니다.
Tidak, beliau tidak punya mobil.

❹

아직 식사하지 않았습니다.
Belum, saya belum makan.

아직 결혼하지 않았습니다.
Belum, saya belum menikah.

잘 이해하지 못했습니다.
Belum, saya belum mengerti.

너 아직 밥 안 먹었니?
Apakah kamu belum makan?

응.
Belum.

❺

전 잘 모르겠는데요.
Saya kurang tahu.

이건 별로 안 시원해요.
Ini kurang dingin.

저건 맛이 별로예요.
Itu kurang enak.

 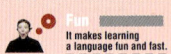 
설탕 빼고요.
Tanpa gula.

설탕 팍팍 넣어주세요.
Tambah gula.

나 무지 기뻐.
Aku gembira sekali.

우리 행복해요.
Kami bahagia.

나 슬퍼.
Aku sedih.

나 화났어.
Aku marah.

그는 아주 화가 나 있어요.
Dia marah-marah.

012

나 화났어.
쟤 무지 화났대.
Aku marah.
Dia marah-marah.

❶
인도네시아의 날씨는 덥네요.
Cuaca Indonesia panas.

인도네시아의 날씨는 매우 덥다.
Cuaca Indonesia panas sekali.

인도네시아의 날씨는 매우 덥습니다.
Cuaca Indonesia sangat panas.

❷
저 아파요.
Saya sakit.

나 머리가 아파요.
Saya sakit kepala.

나 배가 아파요.
Saya sakit perut.

013

언제 만날까?
어디서 만나지?
Kapan kita bertemu?
Di mana?

❶
어디 가?
Ke mana?

어디로
ke mana

어디에
di mana

어디로부터
dari mana

❷
너 어디에 가니?
Kamu pergi ke mana?

그는 어디에 사나요?
Dia tinggal di mana?

그들은 어디에서 왔습니까?
Mereka datang dari mana?

❸
네 친구는 어디에 있니?
Di mana ada temanmu?

그들은 어디로 이동했나요?
Ke mana mereka pindah?

언제 우리 만날까?
Kapan kita bertemu?

우리 어디에서 만날까?
Di mana kita bertemu?

언제 한번 우리 집에 와!
Kapan-kapan datang ke rumah saya!

❹
커피와 차 중에 어느 것이 좋아?
Yang mana kamu suka, kopi atau teh?

어느 걸로?
Yang mana?

김? 어느 김?
Kim? Kim yang mana?

뚱뚱한 김씨 말이야.
Kim yang gemuk.

키 작은 김씨 말이야.
Kim yang pendek.

014

인도네시아어 어때요?
아주 재미있어요.
**Bagaimana Bahasa Indonesia?
Menarik sekali.**

❶
인도네시아 어때?
Bagaimana Indonesia?

네 생각은 어때?
Bagaimana pikiranmu?

네 의견은 어때?
Bagaimana pendapatmu?

이 음식의 이름은 뭐야?
Apa nama makanan ini?

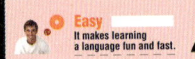  

Easy It makes learning a language fun and fast. **Fun** It makes learning a language fun and fast. **Indonesian** It makes learning a language fun and fast.

이건 어떻게 먹는 거야?
Bagaimana cara makan ini?

이건 어떻게 발음하니?
Bagaimana cara melafalkan ini?

❷
왜 당신은 인도네시아어를 공부하세요?
Mengapa Anda belajar bahasa Indonesia?

넌 왜 인도네시아에 왔니?
Kenapa kamu datang ke Indonesia?

왜냐하면 인도네시아어가 쉽고 재미있기 때문입니다.
Karena bahasa Indonesia mudah dan menarik.

왜냐하면 인도네시아어 선생님이 예쁘기 때문입니다.
Karena guru bahasa Indonesia cantik.

015

뭐 하니?
인도네시아어 공부 중이야.
Sedang apa?
Saya sedang belajar bahasa Indonesia.

❶
뭐 하니?
Sedang apa?

나는 TV를 보고 있습니다.
Saya sedang nonton televisi.

나는 TV를 보고 있습니다.
Saya nonton televisi sekarang.

나는 이미 밥을 먹었다.
Saya sudah makan.

나는 좀 전에 밥을 먹었다.
Saya makan tadi.

❷
그는 이미 인도네시아에 갔다.
Dia sudah pergi ke Indonesia.

그는 어제 인도네시아에 갔다.
Dia pergi ke Indonesia kemarin.

나는 인도네시아에 갈 것이다.
Saya akan pergi ke Indonesia.

나는 내일 인도네시아에 갈 것입니다.
Saya pergi ke Indonesia besok.

❸
나는 식사 중이다.
Saya lagi makan.

다시 만날 때까지 안녕!
Sampai jumpa lagi.

하나 더!
Satu lagi!

016

전화번호가 몇 번이에요?
공팔일…
Berapa nomor telepon?
081···

❶

1	2
satu	**dua**

3	4
tiga	**empat**

5	6
lima	**enam**

7	8
tujuh	**delapan**

9	10
sembilan	**sepuluh**

11	12
sebelas	**duabelas**

13	14
tigabelas	**empatbelas**

15	16
limabelas	**enambelas**

17	18
tujuhbelas	**delapanbelas**

19	20
sembilanbelas	**dua puluh**

❷

10
sepuluh

20
dua puluh

30
tiga puluh

40
empat puluh

98
sembilan puluh delapan

99
sembilan puluh sembilan

100
seratus

10.000	100.000
sepuluh ribu	**seratus ribu**

1.000.000	10.000.000
sejuta	**sepuluh juta**

❸

전화번호가 몇 번이에요?
Berapa nomor telepon?

당신의 가족은 몇 명인가요?
Berapa orang keluarga Anda?

네 형제는 몇 명이니?
Berapa orang saudaramu?

내 형제는 단 한 명이야.
Saudaraku hanya seorang.

017

얼마예요?
깎아 주세요!
Harganya berapa?
Didiskon, dong!

❶

나 쇼핑하고 싶어.
Saya mau berbelanja.

뭘 찾으세요?
Cari apa?

그냥 구경 좀 하려고요.
Mau lihat-lihat.

이거 입어봐도 되나요?
Boleh coba ini?

이거 가격이 얼마예요?
Berapa harga ini?

❷

이건 너무 비싸요.
Ini terlalu mahal.

이 커피는 너무 달아요.
Kopi ini terlalu manis.

인도네시아는 너무 더워요.
Indonesia terlalu panas.

❸

심하네!
Keterlaluan!

깎아 주세요!
Didiskon, dong!

깎아 주세요!
Kurangi, dong!

018

지금 몇 시야?
지금 1시야.
Sekarang jam berapa?
Sekarang jam 1.

 ①

지금 몇 시입니까?
Sekarang jam berapa?

지금은 1시입니다.
Sekarang jam satu.

지금은 오전 8시입니다.
Sekarang jam delapan pagi.

지금은 저녁 8시입니다.
Sekarang jam delapan malam.

지금은 9시 5분입니다.
**Sekarang jam sembilan
lewat lima.**

②

자카르타에서 서울까지
몇 시간 걸리나요?
**Berapa jam dari
Jakarta ke Seoul?**

대략 7시간이요.
Kira-kira 7 jam.

지금은 오후 5시 15분입니다.
**Sekarang jam lima
seperempat sore.**

지금은 1시 반입니다.
Sekarang jam setengah dua.

지금은 9시 반입니다.
Sekarang jam setengah sepuluh.

지금은 1시 5분 전이야.
Sekarang jam satu kurang lima.

지금은 10시 10분 전이야.
**Sekarang jam sepuluh kurang
sepuluh.**

019    s learning age fun and fast.

토요일 밤에 약속 있어?
그럼 일요일 밤은?
**Ada acara Malam Minggu?
Bagaimana malam Senin?**

①

월요일	화요일
hari Senin	**hari Selasa**
수요일	목요일
hari Rabu	**hari Kamis**
금요일	토요일
hari Jumat	**hari Sabtu**

②

오늘은 무슨 요일입니까?
Hari ini hari apa?

토요일 밤에 약속 있어?
Ada acara Malam Minggu?

한국은 지금 무슨 계절입니까?
Sekarang musim apa di Korea?

인도네시아에는 건기와 우기,
두 계절이 있습니다.
**Di Indonesia ada dua musim,
musim kemarau dan musim
hujan.**

❸

1월
bulan Januari

2월
bulan Februari

3월
bulan Maret

4월
bulan April

5월
bulan Mei

6월
bulan Juni

7월
bulan Juli

8월
bulan Agustus

9월
bulan September

10월
bulan Oktober

11월
bulan November

12월
bulan Desember

❹

지금 몇 년도인가요?
Sekarang tahun berapa?

네 생일은 언제니?
Kapan tanggal lahirmu?

당신은 몇 살입니까?
Berapa umur Anda?

제 나이는 서른 살입니다.
Umur saya tiga puluh tahun.

와, 엄청 젊어 보이시는데요.
Wah, Anda kelihatan muda sekali!

020

화장실은 어디에 있어요?
오른편에 있어요.
**Kamar kecil ada di mana?
Ada di sebelah kanan.**

❶

화장실은 어디에 있나요?
Kamar kecil ada di mana?

위에
di atas

위로
ke atas

위에서부터
dari atas

아래에
di bawah

아래로
ke bawah

아래에서부터
dari bawah

화장실은 위에 있어요.
Kamar kecil ada di atas.

화장실은 아래에 있어요.
Kamar kecil ada di bawah.

화장실은 오른편에 있습니다.
Kamar kecil ada di sebelah kanan.

오른쪽으로 돌다.
Belok kanan.

왼쪽으로 돌다.
Belok kiri.

직진하다.
Berjalan lurus.

유턴하다.
Putar balik.

❸
나 여기에 있어.
Aku ada di sini.

그 사람 저기에서 오던 걸.
Dia datang dari sana.

그들은 거기로 갔어요.
Mereka pergi ke situ.

021

사랑해!
널 위해 준비했어.
Aku cinta padamu.
Ini untukmu.

❶
난 널 사랑해.
Aku cinta padamu.

걔가 널 좋아해.
Dia suka padamu.

우리는 그녀가 그리워요.
Kami rindu padanya.

일요일에 우리 아빠는 시내에 갔지요.
Pada hari Minggu ayahku pergi ke kota.

❷
이건 널 위한 거야!
Ini untukmu!

그냥 기념(추억)으로 생각해 줘.
Untuk kenang-kenangan saja.

너희 가족에게 내 안부를 전해줘.
Sampaikan salam saya kepada keluargamu.

한국인 친구로부터 연애 편지가 와 있네요.
Ada surat cinta dari teman Korea.

질문 좀 해도 될까요?
Boleh saya bertanya?

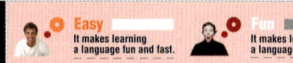

물론이지요.
Tentu saja.

022

삼발이 매울까, 고추장이 매울까?
삼발이 더 매워요.
Sambal lebih pedas daripada gochujang.

❶

자카르타는 서울만큼 혼잡하다.
Jakarta sama ramai dengan Seoul.

자카르타는 서울만큼 혼잡하다.
Jakarta seramai Seoul.

자카르타 물가는 한국만큼 비쌉니다.
Harga barang di Jakarta sama mahal dengan harga barang di Seoul.

제 나이가 당신의 나이와 같군요.
Umur saya sama dengan umur Anda.

❷

삼발은 고추장보다 더 맵습니다.
Sambal lebih pedas daripada gochujang.

내 애인은 그녀보다 더 예뻐.
Pacarku lebih cantik daripada dia.

넌 최고야!
Kamu terbaik!

발리 섬이 인도네시아에서
가장 아름답습니다.
Pulau Bali paling indah di Indonesia.

❸

가능한 빨리요!
Secepat-mungkin!

가능한 많이요!
Sebanyak-mungkin!

할 수 있는 만큼 해!
Sebisanya!

023

발리에 가봤니?
아직…
Pernah ke Bali?
Belum···

나는 두리안을 먹어본 적이 있습니다.
Saya pernah makan durian.

나는 아직 두리안을 먹어본
적이 없습니다.
**Saya belum pernah makan
durian.**

나는 인도네시아어를 말할 수 있습니다.
**Saya bisa berbicara bahasa
Indonesia.**

나는 인도네시아어를 말할 수 있습니다.
Saya bisa berbahasa Indonesia.

난 인도네시아어를 조금 할 수 있습니다.
**Saya bisa berbahasa Indonesia
sedikit.**

❷
도와드릴까요?
Bisa dibantu?

필요 없어요.
Tidak usah.

내일 일하실 필요 없어요.
Anda tidak usah bekerja besok.

난 숟가락이 필요해요.
Saya perlu sendok.

❸
너, 지금 목욕해야 한다.
Kamu harus mandi sekarang.

제 사무실에 들어와도 좋습니다.
**Anda boleh masuk ke kantor
saya.**

당신은 인도네시아어를 공부해야 합니다.
**Anda harus belajar bahasa
Indonesia.**

당신은 일해야 합니다.
Anda harus bekerja.

당신은 일해서는 안 됩니다.
Anda tidak boleh bekerja.

❹
나 외식하고 싶어.
Aku mau makan di luar.

오케이!
Boleh!

나 외출할 거야.
Aku mau pergi.

024

나시고렝 주세요.
삼발도 주시고요.
**Minta nasi goreng.
Minta sambal juga.**

❶
나시고렝 주세요.
Minta nasi goreng.

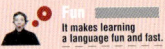

물 주세요.
Minta air.

메뉴판 주세요.
Minta menu.

계산서 주세요.
Minta bon.

❷

난 인도네시아 음식을 좋아해요.
Saya suka makanan Indonesia.

이 음료는 너무 달아요.
Minuman ini terlalu manis.

공깃밥이랑 삼발 주세요.
Minta nasi putih dan sambal.

고추 주세요.
Minta cabe.

❸

죄송합니다.
Mohon maaf.

미안합니다.
Minta maaf.

미안해.
Maaf.

괜찮습니다.
Tidak apa-apa.

025

도와줘요~!
문 좀 열어주세요!
Minta tolong!
Tolong buka pintu!

❶

아저씨, 회사로 가주세요.
Pak, ke kantor.

아저씨, 여기서 기다리세요.
Pak, tunggu di sini.

아저씨, 퇴근하세요.
Pak, pulang!

아저씨, 여기서 기다려 주세요.
Pak, tolong tunggu di sini.

문 좀 열어 주세요.
Tolong buka pintu.

이것 좀 들어 주세요.
Tolong angkat ini.

장본 것 좀 집으로 올려다 주세요.
Tolong bawakan belanjaan.

❷

집 청소 좀 해줘요.
Tolong bersihkan rumah.

지금 설거지해줘요.
Tolong cuci piring sekarang.

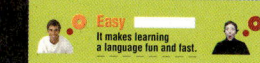

이 옷은 손빨래해주세요.
Tolong cuci baju ini pakai tangan.

세탁물이 다 마르거든 즉시 다림질
해주세요.
**Kalau baju sudah kering,
tolong segera setrika.**

026

자, 먹자!
마시자!
**Makan, yuk!
Ayo, minum!**

❶
들어오세요.
Silakan masuk.

앉으세요.
Silakan duduk.

(음식을) 드시지요.
Silakan makan.

(음료를) 드시지요.
Silakan minum.

❷
뭐 좀 여쭤봐도 될까요?
Boleh saya bertanya?

그럼요.
Silakan.

❸
늦지 마.
Jangan terlambat.

지금 가지 마.
Jangan pergi sekarang.

잊지 마.
Jangan lupa.

겁내지 마.
Jangan takut.

긴장하지 마.
Jangan gugup.

포기하지 마.
Jangan menyerah.

❹
공부하자!
Mari kita belajar!

함께 가자. 자 ~!
**Mari kita pergi bersama-sama.
Mari!**

자, 밥 먹자!
Makan, yuk!

자, 마시자!
Ayo, minum!

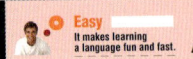 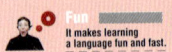
027

르바란 동안 어디로 놀러갈 거야?
고향 갈 건데.
Selama Lebaran mau ke mana?
Aku mau pulang kampung.

❶

르바란 동안 어디 갈 거니?
Selama Lebaran mau ke mana?

너 휴가 보내는 동안 뭘 하고 싶어?
Selama kamu berlibur, mau apa?

삼일 동안은 아무데도 안 가,
집에 있을 거야.
Selama tiga hari aku tidak
ke mana-mana, di rumah saja.

고향에 갔다가 발리에 있는 할머니 댁에
갈 거야.
Aku mau pulang kampung lalu
berkunjung ke rumah nenek di
Bali.

나는 샤워를 하고 나서 아침 식사를 합니다.
Saya mandi kemudian makan
pagi.

❷

내가 어렸을 때 우리 가족은 발리에 살았어.
Ketika saya kecil,
keluarga saya tinggal di Bali.

그가 왔을 때, 난 샤워 중이었다.
Waktu dia datang ke rumah saya,
saya sedang mandi.

잠수하다가 물을 마셨어.
Sambil menyelam, minum air.

저는 텔레비전을 보면서 식사해요.
Saya makan sambil nonton
televisi.

❸

가능할 겁니다.
Mungkin bisa.

가능해야 될 텐데요.
Mudah-mudahan bisa.

좋을 대로 하세요.
Terserah.

괜찮아요.
Tidak apa-apa.

028

내가 너라면
그렇게 할 거야.
Jika aku jadi kamu,
aku akan melakukan itu.

❶

만일 비가 오면 우리 안 갈 거야.
Kalau hujan,
kita tidak akan pergi.

 Easy ___ It makes learning a language fun and fast.  Fun ___ It makes learning a language fun and fast.

Indonesian It makes learning a language fun and fast.

네가 데리러 오지 않으면
난 안 따라갈 테야.
Saya tidak mau ikut kalau kamu tidak jemput saya.

괜찮다면 같이 갈래?
Kalau bisa, kamu mau ikut?

그래도 된다면 따라가고 싶어.
Kalau boleh, saya mau ikut.

그렇다면, 수영복 가져오는 거 잊지 마.
Kalau begitu, jangan lupa bawakan baju renang.

❷

내가 너라면 그렇게 할 거야.
Jika aku jadi kamu, aku akan melakukan begitu.

공돈이 생기면 우리는 한국에 가고 싶어.
Jika ada rezeki, kami mau ke Korea.

그건 네 복인 게야.
Itu rezeki kamu.

내가 만일 백만장자라면, 그 차를 살 텐데.
Seandainya saya milyuner, saya akan membeli mobil itu.

만일 그 사람이 오면 나한테 알려주세요.
Seandainya dia datang, tolong beritahu saya.

만일 네가 귀신을 보면 어쩔래?
Bagaimana seandainya kamu melihat hantu?

029

무슨 일이야?
저런…
Apa yang terjadi?
Ampun…

❶

무슨 일이 생긴 거야?
Apa yang terjadi?

무슨 일이니?
Ada apa?

무슨 문제라도 있니?
Ada masalah?

아무 문제 없어.
Tidak ada masalah.

❷

오, 그렇구나!
Oh, begitu!

맞아!
Betul!

그게 정말이야?
Apa itu benar?

천천히 말해 주세요.
Tolong bicara pelan-pelan.

미안, 다시 말해줄래?
Maaf, bisa diulang?

미안, 아까 뭐라 했니?
Maaf, tadi omong apa?

그건 아닌 거 같아요.
Saya kira tidak.

난 동의하지 않아요.
Saya tidak setuju.

설마!
Masa!

맙소사!
Aduh!

저런!
Ampun!

| 학습자 여러분 수고 많이 하셨습니다. ^L^ |